Menüs aus dem

Dampfgarer

Liebe Babsi!

Gutes Gelingen und viel Zitersparnis
wünschen Dir:
Georg, Lena, Tini, Joachim und Niklas

29. 10. 2016

Eva Maria Lipp

Menüs aus dem Dampfgarer

Einfach • Schnell • Gesund

Ein paar Worte vorneweg

Dampfgaren ist nicht nur eine moderne Art der Speisenzubereitung, es macht auch wirklich Sinn! Man gart fettarm und nährstoffschonend. Dazu kommt noch der Aspekt der Energieersparnis, da mehrere Speisen ohne Geschmacks- und Geruchsübertragung gleichzeitig zubereitet werden können. Weil mit Dampf und nicht im Wasser gegart wird, bleiben bei dieser Art des Kochens die Vitamine und Mineralstoffe in den Lebensmitteln, das Gemüse bleibt schön knackig und behält seine Farbe – auch das Auge isst ja bekanntlich mit.

Die Vielfalt der Gerichte, die im Dampfgarer hergestellt werden können, ist (fast) grenzenlos. Wer sich jedoch ausschließlich Nudel- oder Reisgerichte zubereiten möchte, sollte das auf die herkömmliche Art und Weise tun, sprich im Kochtopf. Geschieht das allerdings im Rahmen eines mehrgängigen Menüs, hat dies jedoch durchaus seine Berechtigung.

Die Speisen in diesem Buch wurden so zusammengestellt, dass sie sowohl gut miteinander harmonieren als sich auch in einer sinnvollen Abfolge zubereiten lassen. Die meisten können mit einem „reinen" Dampfgarer fertiggestellt werden, für manche ist ein sogenanntes Kombigerät (Dampfgarer und Backofen) besser geeignet beziehungsweise einfacher, weil damit auch gebräunt und gebacken werden kann. Wem ein solches aber nicht zur Verfügung steht, bekommt Tipps, wie die Gerichte trotzdem gelingen.

Ich möchte mit diesem Buch eine Hilfestellung geben, sich mit dieser Kochmethode anzufreunden, vielleicht sogar einen schon vorhandenen Dampfgarer noch häufiger zu nutzen. Und schließlich möchte ich Sie auch anregen, neue Kreationen und Gerichte auszuprobieren. Sie werden sehen, dass schonendes und problemloses Vor- und Zubereiten von Speisen die Grundlage für stressfreies Kochen sowie entspanntes Genießen ist.

In diesem Sinne wünsche ich Ihnen schon jetzt einen guten Appetit!

im Februar 2014

Das Einmaleins des Dampfgarens

Die Wurzeln des Dampfgarens – das Garen von Speisen mittels Wasserdampf – liegen in China, wo schon lange doppelwandige Kochgefäße zum Einsatz kamen, in denen Speisen getrennt von der Flüssigkeit gegart wurden. Aber auch unsere Großmütter wussten schon, dass ein Topf mit Wasser im Backofen hilft, damit der Braten nicht austrocknet und das Brot eine braune, glänzende Kruste erhält.

Das Wirkprinzip des Dampfgarens ist sehr einfach: Lebensmittel liegen auf Einsätzen über kochendem Wasser. Durch eine Perforation im Boden der Dämpfeinsätze strömt heißer Wasserdampf auf und zwischen das Gargut und umschließt es von allen Seiten. Die Speisen werden so in einem geschlossenen Gefäß über kochender Flüssigkeit im Wasserdampf bei normalen Kochtemperaturen um die 100 Grad gegart. Fleisch, Fisch oder Gemüse liegen im heißen Wasserdampfnebel und werden saftig und zart gekocht. Weil die Speisen nicht im Wasser liegen, laugen sie nicht aus; die kräftige Farbe bleibt erhalten und sie werden besonders schonend zubereitet.

Die natürlichen Aromen und Vitamine der Lebensmittel bleiben bestehen. Dampfgaren garantiert geschmacksintensive Speisen, die nicht oder kaum gewürzt werden müssen und ohne die Zugabe von Fett auskommen. Ein weiterer Vorteil ist, dass beim Dampfgaren auch mehrere Einsätze übereinandergestapelt werden können, ohne dass sich die Aromen mischen.

Unterschiedliche Methoden des Dampfgarens

Die einfachste und wohl am weitesten verbreitete Dämpfmethode ist es, die Lebensmittel in einen variablen Dämpfeinsatz oder einen Korb zu geben und in einem Kochtopf oder im Wok über kochender Flüssigkeit zu garen. Ebenso leicht ist das Dämpfen im Backofen. Die Zutaten werden dazu eingewickelt, etwa in Alufolie, Backpapier, Bananenblätter, oder in einen gut verschließbaren Topf gelegt und dann im Backofen gegart.

Eine bei uns schon länger bekannte Methode ist das „Druckdampfgaren“ mit dem Schnellkochtopf. Kochgut und Wasser bilden dabei ein geschlossenes System und durch das kochende Wasser kommt es im Topf zu einem Überdruck, der die Kochdauer verkürzt. In der Regel ist der Druck auf zwei Bar begrenzt: Bei diesem Druck siedet das Wasser bei 120 Grad. Die höhere Dampftemperatur ist die Ursache für die kürzeren Garzeiten beim Dampfdruckgaren im Vergleich zum drucklosen Dampfgaren. Beliebt ist der Schnellkochtopf für Lebensmittel, die normalerweise lange Kochzeiten benötigen (etwa Hülsenfrüchte).

Weitverbreitet ist auch das Dämpfen im Bambuskorb. Bambuskörbe sind preiswert, sehr dekorativ und deshalb gleich auch zum Servieren geeignet. Es gibt sie in unterschiedlichen Größen. Achten Sie darauf, dass der Korb so in den Topf oder in den Wok passt, dass er das Wasser nicht berührt. Ideal ist es, wenn die Körbe auch stapelbar sind, denn so lassen sich mehrere Komponenten (etwa Fisch, Gemüse, Reis) für eine Mahlzeit einzeln, aber doch auf einmal garen. Vor dem ersten Einsatz sollten Bambuskörbe 15 bis 30 Minuten in Wasser eingeweicht werden, um ihren Eigengeruch zu beseitigen. Nach dem Benutzen mit Spülmittel gründlich säubern, gut abspülen und vor dem Wegräumen gründlich trocknen lassen, damit sie nicht schimmeln.

Seit den Siebzigerjahren gibt es in der Gastronomie professionelle Dampfgargeräte. Anfang der Achtziger wurde diese Technologie auch den Privathaushalten zugänglich gemacht, und allmählich erobern sie sich ihren Platz in unseren Küchen. Zeitgemäße Einbaulösungen ersetzen die klassischen Töpfe, und Dampfgaren wird dank elektronischer Steuerung so einfach wie nie. Gerade das Zubereiten mehrgängiger Menüs wird dadurch fast kinderleicht. Ein stressfreieres Kochen, das noch dazu überaus gesund und wohlschmeckend ist, ist mir nicht bekannt. Auch der nicht unwesentliche Aspekt der Zeit- und Energieersparnis sollte berücksichtigt werden.

Überlegungen zur Kaufentscheidung

Da Dampfgargeräte doch eine etwas höhere Investition bedeuten, sollte vor dem Kauf die Verwendung in der eigenen Küche genau überlegt werden. Mögliche Fragen könnten deshalb sein:

- Wie ist das eigene Kochverhalten?
- Wie oft werden Speisen zu Hause zubereitet?
- Wie gestalten sich die Essenszeiten der Familie?
- Wird öfter gemeinsam gegessen oder isst eher jeder für sich?
- Lege ich besonderen Wert auf gesundes Essen?
- Interessieren mich technische Geräte und nehme ich mir Zeit, den Umgang damit zu erlernen?

Wenn die grundsätzliche Entscheidung einmal gefallen ist, einen Dampfgarer anzuschaffen, steht man noch immer vor der Wahl, ob es ein Gerät ausschließlich zum Dampfgaren oder ein sogenanntes Kombigerät werden soll, das auch eine Backfunktion besitzt.

Die erste Überlegung sollte sein, ob das Gerät hauptsächlich zum Dampfgaren verwendet werden wird, weil in der Küche ohnehin ein üblicher Backofen mit Grillfunktion, Heißluft sowie Ober- und Unterhitze vorhanden beziehungsweise bei einer neuen Küche eingeplant ist. Der Garraum eines durchschnittlichen Kombigeräts ist natürlich wesentlich kleiner als der eines Backofens und für eine größere Familie kein Ersatz. Außerdem spielt selbstverständlich der Kostenfaktor eine keinesfalls unwesentliche Rolle. Zurzeit belaufen sich die marktüblichen Kosten von Dampfgargeräten auf circa 1000 bis zu 3500 Euro für gute Kombigarer.

Verschiedene Geräte am Markt

Dampfgarer

Die handelsüblichen Haushaltsgeräte verfügen über einen Wasserbehälter zum Nachfüllen sowie eine Verdampfungseinheit und sind sehr benutzerfreundlich. Dampfgargeräte können aber nicht nur für das Garen mit Dampf verwendet werden. Sie eignen sich auch hervorragend zum Regenerieren von Speisen und zum Aufwärmen (dazu später mehr).

Ein Dampfgarer mit Druckfunktion verkürzt die Garzeit und ersetzt den herkömmlichen Dampfdrucktopf. Der Garraum solcher Geräte ist jedoch eher klein, und sie sind nicht als Kombigeräte erhältlich.

631
1/3

Während bei einer neuen Küche der Platz für ein solches Gerät (gegebenenfalls sogar mit Wasseranschluss) leicht vorgesehen werden kann, ist es bei einer bestehenden mitunter ein bisschen schwieriger, einen geeigneten Ort zu finden. Eine Möglichkeit könnte sein, einen überflüssigen Mikrowellenherd durch ein Dampfgargerät zu ersetzen.

Kombigerät

Besonders praktisch, aber auch erheblich teurer sind Kombigeräte; das sind Dampfbacköfen, die auch mit Heißluft arbeiten. Die meisten verfügen über die grundsätzlichen Ofenfunktionen wie Ober- und Unterhitze, Heißluft und Grillen. Manche bieten nur die Heißluftfunktion an, was meistens ausreichend ist. Der große Vorteil dieser Geräte ist, dass Dampfgaren und (Auf-)Backen gleichzeitig möglich sind. Sogenannte Intervalldampfprogramme liefern während des Garens mehrmals Dampf, was vor allem für brotähnliche Gebäcke von Vorteil sein kann. Oder es wird in den ersten Minuten – je nach Garprodukt – Dampf zugeführt und danach trocken fertig gegart.

Zubehör beziehungsweise Kochgeschirr

Bei den jeweiligen Geräten sind als Zubehör immer geschlossene und gelochte Behälter, Schalen beziehungsweise Dampfeinsätze (sogenannte Gastronormbehälter) dabei. Jedoch reicht das beim täglichen (Familien-)Kochen mit dem Dampfgarer nicht immer aus. Einige Gefäße und Formen sind in den meisten Küchen sowieso vorhanden. Im Folgenden habe ich Ihnen aber eine Liste der erforderlichen und sinnvollen Utensilien zusammengestellt. Erwähnen möchte ich noch, dass jedes Material verwendet werden kann. Nicht einmal Glas ist ein Problem. Beim Kombigerät ist es ein bisschen anders, da kommt es dann auf die jeweilige Gartemperatur an, welches Geschirr man jeweils verwendet. Am besten funktionieren die sehr wärmedurchlässigen Originaleinsätze. Werden andere Materialien wie Porzellan oder Ton verwendet, ist die Garzeit um einige Minuten zu verlängern, da das Geschirr eine Zeit braucht, bis es erwärmt ist und die Hitze nicht nur auf die Speisen einwirken kann.

- Terrinen-, Rehrücken- oder Kastenformen für Soufflés
- Verschiedene Auflaufformen (rund, eckig)
- Porzellanschüsseln für Portionsgerichte
- Gläser für Glaskuchen, Desserts oder pikante Aufläufe
- Puddingformen für Dampfpuddings wie „Mohr im Hemd"
- Kleine Silikonförmchen für Kuchen und Portionsgerichte
- Kleine Schüsseln zum Zerlassen von Glasuren
- Teller zum Regenerieren

Dampfgaren als effiziente Kochmethode

Der größte Vorteil beim Kochen mit einem Dampfgarer ist, dass durch die Dampfentwicklung eine Geruchs- und Geschmacksübertragung verhindert wird. Somit ist es ohne Weiteres möglich, im Dampfgarer die verschiedenen Gänge eines Menüs zeitgleich zuzubereiten. Wie bereits erwähnt, ist das überaus effizient, das heißt es spart Zeit, Energie und Nerven. Allerdings ist zu beachten, dass die unterschiedlichen Speisen zum Abkühlen aus dem Dampfgarer genommen werden.

Was es bei der Kreation von ganzen Menüs aber unbedingt bedarf, ist eine gute zeitliche Vorbereitung. Die einzelnen Arbeitsschritte müssen vor dem Zubereiten der Speisen gut durchdacht werden. Deshalb empfehle ich Ihnen, dass Sie sich die einzelnen Rezepte vor der Zubereitung genau durchlesen und sich einen „Kochplan" zurechtlegen. Es geht dabei immer darum, welche Arbeitsschritte während des Garvorgangs einer Speise in Bezug auf vorzubereitende Lebensmittel möglich sind. Das Öffnen des Dampfgarers während des Garvorgangs ist für keine Speise ein Problem, und die Energie kann gleich mehrfach genutzt werden.

Kochen planen

Damit die Zubereitung eines Menüs rascher und besser gelingt, im Folgenden einige hilfreiche Gedanken und Überlegungen dazu und eine mögliche grundsätzliche Reihenfolge der Zubereitung:

• Ablauf der Speisenzubereitung durchdenken
Welche Lebensmittel haben eine längere Garzeit als andere? Karotten brauchen sieben bis acht, Brokkoli hingegen nur drei Minuten. Welche Speisen brauchen länger als andere? Ein Auflauf in einer Form benötigt über 30, Fisch meist bloß acht bis zehn Minuten. Welche Vorbereitungsschritte müssen zuerst getroffen werden – Kartoffeln kochen oder Reis dämpfen? Was kann während der ersten Vorbereitungsschritte bereits mitgegart werden – Fleisch und dazu Gemüse oder eine Beilage?

• Gleichzeitiges Garen von Lebensmitteln und Speisen nutzen
Sowohl süße als auch pikante Lebensmittel können zeitgleich im Dampfgarer gegart werden. Kurze Unterbrechungen zum Zweck der Entnahme oder des Einschubs eines Gerichts durch das Öffnen des Dampfgarers stellen keine Qualitätsbeeinträchtigungen dar. Garen im Dampfgarer ist stressfrei – Garzeiten beachten, aber aus nährstoffschonender Sicht nicht verlängern. Gargut braucht bei richtiger Einstellung keine Beobachtung.

• Nährstoffschonendes Garen mit Zeiteffizienz
Garen ist auf allen Ebenen gleichermaßen und ohne Auslaugen der Nähr-, Geschmacks- und Farbstoffe möglich. Gemüse je nach Gardauer der Reihe nach in den Dampfgarer geben. Soßen oder andere Beilagen beziehungsweise Beigaben in einem kleinen Gefäß mitgaren. Bereits während des Essens können ganz entspannt die nächsten Gänge fertig gegart werden.

Beispiel für einen „Kochplan"

Brokkolisoufflé zu feinem Gemüsebouquet
Bergkäsetörtchen auf würziger Tomaten-Basilikum-Creme mit buntem Gemüse nach Jahreszeit
Obstklöße mit Nussbröseln in Beerensoße

Schritt-für-Schritt-Zubereitung mit Zeit- und Energieersparnis

• Brokkoli für das Soufflé, Weizengrieß-Milch-Masse für die Törtchen und die eingeschnittenen Tomaten für die Tomaten-Basilikum-Soße garen. Gemüse und Tomaten nach drei Minuten herausnehmen. Grießmasse fertig garen und nachziehen lassen.

• Währenddessen Béchamelsoße für das Soufflé auf dem Herd zubereiten.

• Die Zutaten für die Tomaten-Basilikum-Soße vorbereiten und auf dem Herd zubereiten.

• Gemüse für das Gemüsebouquet vorbereiten und in einen Siebeinsatz geben.

• Soufflémasse fertigstellen, in die Formen einfüllen und garen.

• Gemüse zeitgerecht in den Dampfgarer geben.

• Teig für die Obstknödel bereiten.

• Masse für die Bergkäsetörtchen fertigstellen und in die Förmchen füllen.

• Gemüse nach Jahreszeit vorbereiten und in einem Dampfsiebeinsatz bereitstellen.

• Beeren für die Soße bereitstellen und mit dem Zucker vermengen.

• Butter für die Nussbrösel bereitstellen. Nüsse reiben und restliche Zutaten ebenso vorbereiten.

• Während das Brokkolisoufflé serviert und genossen wird, garen bereits die Bergkäsetörtchen. Gemüse der Saison zeitgerecht in den Dampfgarer zu den Törtchen geben.

• Knödel füllen, gut verschließen und in einen Dampfsiebeinsatz legen.

• Bergkäsetörtchen mit Gemüse der Saison und Tomaten-Basilikum-Soße servieren und genießen.

• Inzwischen garen die Obstknödel im Dampfgarer.

• Zeitgerecht die Zuckerbeeren zu den Knödeln geben, ebenso die Butter für die Nussbrösel.

• Nüsse und Zucker zur Butter geben. Fertige Knödel darin wenden und mit der heißen Beerensoße anrichten.

• Guten Appetit!

Dampfgarer können noch mehr

Regenerieren beziehungsweise schonendes Aufwärmen von Speisen

Dazu ist ein Dampfgarer geradezu prädestiniert. Speisen werden stressfrei im Voraus zubereitet und dann kühl gestellt. Kurz vor dem Anrichten werden sie dann bloß je nach Art der Speise bei 80 bis 100 Grad nochmals schonend erwärmt, wobei die Qualität der Speisen erhalten bleibt. Das Aufwärmen mithilfe eines Dampfgarers ist im Vergleich zu anderen Aufwärmverfahren wesentlich nährstoff- und geschmackschonender.

Garen bei Niedrigtemperatur

Niedrigtemperaturgaren ist eine besonders lebensmittelschonende Kochtechnik für Fleisch, Fisch sowie Gemüse. Dabei wird in einer Pfanne Fleisch oder Fisch (Gemüse nicht, da es sonst blass wird) scharf angebraten und danach im Kombibackofen bei etwa 65 bis 80 Grad je nach Größe fertig gegart.

Wichtig ist dabei, dass das Lebensmittel im ausgeschalteten Ofen noch 15 Minuten entspannen muss, damit sich die Flüssigkeit gut verteilt und beim Aufschneiden nicht ausrinnt. Fleisch mit einem rosa Kern hat eine Kerntemperatur von 52 bis 56 Grad. Durchgebratenes Fleisch muss mehrere Stunden garen und hat eine Kerntemperatur von über 60 Grad, was bei Geflügel zu empfehlen ist. Das Fleisch bleibt saftig, das Gemüse behält Farbe und Geschmack.

Dampfgaren und Bräunen

Kombigeräte sind sozusagen Alleskönner! Schonendes Garen im Dampf, danach eine kurze Bräunung oder ganz einfach backen sind kein Problem. Hat man einen Dampfgarer ohne Kombifunktion, können viele Speisen ebenso zubereitet werden, sie haben aber nicht die gewohnte gebräunte Oberfläche. Aufläufe sind dafür ein gutes Beispiel. Sie schmecken allerdings auch ohne Bräunung, sind sehr saftig und geschmackvoll. Bei den meisten Kuchen hat es sowieso keine Bedeutung, da diese meist mit einer Soße serviert oder begossen werden.

Weitere Verwendungsmöglichkeiten

Für Marmeladen und Konfitüren zuerst die Früchte erhitzen und dann Zucker und/oder Geliermittel beifügen und bei 90 bis 100 Grad zubereiten. Es brennt nichts an, und die Farben des Obstes bleiben erhalten.

• Zum Schmelzen Schokolade bei 60 Grad in den Dampfgarer stellen. Die Schokolade brennt nicht an, ein Überhitzen wird vermieden und der Glanz der Schokolade bleibt erhalten.

• Wer es mal eiliger hat, kann mit seinem Dampfgarer auch das Aufgehen von Hefeteigen (30 bis 40 Grad) beschleunigen. Keine Sorge: Bei diesen Temperaturen wird der Gärprozess noch nicht in Gang gesetzt.

• Kristallisierter Honig kann bei 35 bis 40 Grad ohne Vitamin- und Geschmacksverlust wieder verflüssigt werden.

Garzeiten und Eignung von Lebensmitteln

Alles, was gekocht wird, kann auch im Dampfgarer zubereitet werden. Die Garzeiten sind mit den Kochzeiten auf der Herdplatte zu vergleichen. So brauchen etwa Kartoffeln auf dem Herd sowie im Dampfgarer 25 Minuten. Grundsätzlich gilt Folgendes: In 95 Prozent der Fälle beträgt die Gartemperatur 100 Grad auf der Universalgarstufe. Ausnahmen davon gibt es selbstverständlich auch: Fisch wird bei 75 bis 85 Grad gegart, damit das Eiweiß nicht ausflockt. Wurstwaren wie Wiener Würstchen gart man bei 90 Grad, damit sie nicht aufspringen. Aufläufe und Soufflés werden ebenfalls nur bei 90 Grad gegart. Dies gilt auch für Puddings, sodass ein Überlaufen der Milch verhindert wird.

Grundsätzlich eignen sich alle Lebensmittel zum Garen im Dampfgargerät. Einzig und allein kann im Dampfgarer beziehungsweise im Kombigerät nicht frittiert werden. Das ist allerdings in puncto gesundheitsbewusstes Kochen ohnehin nicht das Ziel der Übung. Die Zubereitung von klaren Brühen erfolgt nach wie vor besser in einem Topf auf dem Herd. Die Lebensmittel sollten wie folgt vorbereitet werden, damit sie möglichst effizient gegart werden können:

• Gemüse kann geschält und geschnitten gegart werden, da es durch das Garen im Dampf keinen Nährstoffverlusten ausgesetzt ist. Entscheidend ist eine kurze Garzeit, damit die Farbe erhalten bleibt.

• Obst kann ebenso wie Gemüse behandelt werden. Die Garzeiten sind meistens noch kürzer.

• Fleisch wird im Ganzen in einen gelochten oder ungelochten Dampfeinsatz gelegt. Ein ungelochter Dampfeinsatz ist dann zu empfehlen, wenn sich im

Fach darunter andere Lebensmittel befinden, die durch die Abtropfflüssigkeit beeinträchtigt werden könnten.

• Fisch kann in einem Dampfeinsatz gleichzeitig mit dem Gemüse gegart werden, da die Garzeit meist die gleiche ist.

• Nudeln oder Reis sowie Mais- oder Weizengrieß werden mit ausreichend Flüssigkeit (wie bei den herkömmlichen Methoden) im ungelochten Dampfeinsatz gegart.

• Die Zubereitung von Puddings ist im Dampfgarer ebenso möglich. Während des Garens mehrmals umrühren, damit sich Stärke und Milch gut verbinden.

• Gebundene Suppen sind im Dampfgarer leicht zuzubereiten, wobei im Gegensatz zu anderen Methoden der Geschmack der Lebensmittel erhalten bleibt.

Lebensmittel und ihre Garzeiten

Die folgende Gartabelle erhebt keinen Anspruch auf Vollständigkeit. Die genannten Lebensmittel stellen lediglich eine subjektive Auswahl dar. Die genannten Zeitenangaben sind ab Erreichen der eingestellten Temperatur berechnet und stellen lediglich Richtwerte dar.

Lebensmittel	Art	Menge	Zeit	Tipps, Bemerkungen
Gemüse, Obst				
Kartoffeln	im Ganzen mit Schale	egal	25 Minuten	je nach Größe Zeit variabel
Kartoffeln	geschält, geschnitten	600 g	15–18 Minuten	
Erbsen, Zucchini, Paprika	in Stücken	400 g	5–8 Minuten	nicht zu lange, Farberhaltung
Karotten	im Ganzen	400 g	20 Minuten	
Karotten, Sellerie	geschält geschnitten	400 g	10–12 Minuten	
Spargel	frisch	600 g	17 Minuten	
Blattspinat	tiefgekühlt	400 g	12–14 Minuten	
Weißkohl	geschnitten	400 g	30 Minuten	mit Gewürzen und Flüssigkeit

Lebensmittel	Art	Menge	Zeit	Tipps, Bemerkungen
Tomaten	frisch	400 g	10 Minuten	
Tomaten häuten	frisch	400 g	3 Minuten	
Äpfel	in Stücken	500 g	5 Minuten	
Rhabarber	in Stücken	500 g	8 Minuten	
Aprikosen	entsteint, halbiert	500 g	8 Minuten	
Reis, Nudeln				
Basmatireis	mit 800 ml Wasser	400 g	20 Minuten	
Dinkelreis	mit 800 ml Wasser	400 g	22–24 Minuten	danach salzen
Maisgrieß	mit 800 ml Wasser	400 g	18–20 Minuten	
Spaghetti	mit 800 ml Wasser	400 g	20 Minuten	Garzeit richtet sich nach Art und Größe
Risotto	mit 700 ml Wasser	300 g	30 Minuten	immer wieder umrühren
Fleisch, Geflügel, Fisch				
Ragout vom Schwein oder Rind	in Würfel geschnitten	400 g	35 Minuten	Fleisch vorher anbraten
Tafelspitz	im Ganzen	600 g	40 Minuten	
Kasseler	im Ganzen	600 g	40 Minuten	
Hühnerfilet	im Ganzen	500 g	35 Minuten	
Wiener Würstel		8 Stück	10 Minuten	
Fischfilet frisch		450 g	10 Minuten	

Vegetarisch und vegan

Brokkolisoufflé zu feinem Gemüsebouquet

Zutaten für 4 Portionen

300 g Brokkoli
4 EL Gemüsebrühe

Béchamelsoße
20 g Butter
15 g Weizenmehl
125 ml Milch

100 g Hartkäse (Bergkäse oder Emmentaler)
3 Eier
Kräutersalz
Pfeffer aus der Mühle
frisch geriebene Muskatnuss

Gemüsebouquet
300 g buntes Gemüse der Saison oder nach Vorliebe (Brokkoli, Blumenkohl, Karotte, Zucchini, Aubergine, Paprika, Kohlrübe)

Zubereitung

Brokkoli in Röschen teilen und mit den Stielansätzen auf der Gemüsegarstufe (100 Grad) 3 Minuten mit Dampf garen. Die Stiele von den Röschen abschneiden und mit der Gemüsebrühe pürieren.

Für die Béchamelsoße die Butter in einem kleinen Topf auf dem Herd zerlassen. Das Mehl beifügen und unter Rühren anschwitzen. Mit der Milch aufgießen und so lange rühren, bis die Soße glatt ist und aufkocht. 5 Minuten langsam köcheln lassen und danach vom Herd nehmen. Währenddessen den Käse fein reiben.

Das Brokkolipüree in die Béchamelsoße einrühren. Die Eier trennen. Die Eigelbe unter die Brokkolimasse rühren und mit Kräutersalz, Pfeffer und Muskatnuss abschmecken. Die Eiweiße zu steifem Schnee schlagen und ebenfalls unter die Masse heben.

Zwei kleine Souffléformen mit Frischhaltefolie auslegen. Die Brokkoliröschen in die Formen legen und die Soufflémasse bis daumenbreit unter den Rand einfüllen. Auf der Gemüsegarstufe 25 Minuten mit Dampf garen.

Inzwischen das Gemüse für das Gemüsebouquet vorbereiten. Das Gemüse gegebenenfalls schälen, in gleich große Stücke teilen beziehungsweise schneiden. Die letzten 4 Minuten zum Soufflé in den Dampfgarer geben und mitgaren. Anrichten und sofort servieren.

Pro Portion: 230 Kilokalorien | 17 g Eiweiß | 17 g Fett | 7 g Kohlenhydrate

Bergkäsetörtchen auf würziger Tomaten-Basilikum-Creme

Zutaten für 4 Portionen

Bergkäsetörtchen
500 ml Milch
20 g Butter
Salz, Pfeffer aus der Mühle
1 Msp. frisch geriebene Muskatnuss
110 g Weizengrieß
2 Eier
50 g in kleine Würfel geschnittener Bergkäse

Gemüse
100 g Karotten
100 g Stangen- oder Knollensellerie
100 g Zucchini

Tomaten-Basilikum-Creme
2 Tomaten
80 g Zwiebeln
10 g Butter
70 ml Weißwein
10 g Weizenmehl
20 g frische oder 5 g getrocknete Basilikumblätter
Kräutersalz

Zubereitung

Für die Bergkäsetörtchen die Milch mit Butter, Salz, Pfeffer, etwas Muskatnuss und Weizengrieß in einem ungelochten Dampfeinsatz auf der Universalgarstufe (100 Grad) zum Kochen bringen und 5 Minuten mit Dampf garen. Danach einmal gut durchrühren und noch einige Minuten nachziehen lassen.

Eier trennen. Eigelbe mit dem Bergkäse in die Grießmasse einrühren und abkühlen lassen. Eiweiße mit etwas Salz zu Schnee schlagen und unterheben. Die Grießmasse mithilfe eines Dressiersacks dreiviertelhoch in Portionsförmchen einfüllen. Förmchen in einen Dampfsiebeinsatz stellen und auf der Universalgarstufe (100 Grad) 20 Minuten mit Dampf garen.

Karotten, Sellerie und Zucchini in gleich große kleine Würfel schneiden und die letzten 4 Minuten mit den Bergkäsetörtchen mitgaren. Haut der Tomaten kreuzweise einschneiden und ebenso für 3 Minuten mitgaren. Danach die Haut abziehen und die Tomaten vierteln. Kerne herauslösen und Tomatenfleisch in Würfel schneiden.

Zwiebeln schälen und fein schneiden. Butter in einem Topf erhitzen. Zwiebeln beifügen und goldgelb anrösten. Mehl dazugeben und umrühren. Mit Wein aufgießen und gut durchrühren, damit keine Mehlklumpen entstehen. Tomaten dazugeben und Soße gut würzen. Kurz vor dem Anrichten die Basilikumblätter zufügen. Tomatensoße zu einer feinen Creme pürieren. Bergkäsetörtchen aus der Form lösen und auf der Tomaten-Basilikum-Creme mit dem bunten Gemüse anrichten.

Pro Portion: 360 Kilokalorien | 15 g Eiweiß | 17 g Fett | 31 g Kohlenhydrate

Obstklöße mit Nussbröseln in Beerensoße

Zutaten für 4 Portionen

Teig
70 g weiche Butter
250 g Magerquark
150 g Weizenmehl
1 Ei
Salz

8–12 Erdbeeren, Aprikosen, Heidelbeeren, Pflaumen oder Zwetschgen

Nussbrösel
30 g Butter
50 g Kristallzucker
80 g geriebene Walnüsse

Soße
200 g Beeren der Saison oder Tiefkühlfrüchte
50–80 g Kristallzucker (je nach Süße der Früchte)

evtl. Zitronenmelisseblätter zum Dekorieren

Zubereitung

Für den Teig alle Zutaten zu einem glatten Teig verkneten und je nach Fruchtgröße in 8 bis 12 gleich große Stücke teilen.

Die Früchte gleichmäßig mit Teig umhüllen und in einen Dampfsiebeinsatz legen. Klöße auf der Universalgarstufe (100 Grad) 20 Minuten mit Dampf garen.

Die Beeren mit dem Zucker vermengen und die letzten 4 Minuten mit den Klößen in einem ungelochten Behälter garen und danach umrühren. Für die Brösel die Butter ebenfalls in ein kleines Gefäß geben und im Dampfgarer schmelzen. Den Zucker und die geriebenen Nüsse beifügen und umrühren.

Obstklöße darin wälzen und auf der Beerensoße anrichten. Wenn vorhanden, mit frischen Zitronenmelisseblättern anrichten.

Pro Portion: 670 Kilokalorien | 17 g Eiweiß | 37 g Fett | 66 g Kohlenhydrate

TIPP: Dieser Teig kann auch zu ungefüllten Klößen verarbeitet werden. Diese werden in Butter-Zucker-Krümeln gewälzt und mit Apfelmus oder einem anderen Kompott serviert.

Spinatroulade in Gemüsebrühe

Zutaten für 4 Portionen

Pfannkuchenteig
100 g Weizenmehl
250 ml Sojamilch
50 g Soja- oder
Guakernmehl
Salz
Pflanzenöl zum Backen

Füllung
250 g Cremespinat
50 g Soja- oder Guakernmehl
80 g Weizengrieß
2 Knoblauchzehen
Salz, Pfeffer aus der Mühle
1 Msp. frisch geriebene Muskatnuss

1 l Gemüsebrühe
fein geschnittener Schnittlauch
zum Bestreuen

Zubereitung

Für den Pfannkuchenteig alle Zutaten miteinander verrühren und 10 Minuten ziehen lassen. Danach in einer Pfanne mit wenig Pflanzenöl aus dem Teig dünne Pfannkuchen backen.

Für die Füllung die Zutaten verrühren und 30 Minuten ruhen lassen. Die 4 Pfannkuchen im Quadrat überlappend auflegen und die Spinatfülle aufstreichen. Danach einrollen und die Rolle in Frischhaltefolie wickeln. Die Folienenden zusammendrehen und die Roulade in den Dampfsiebeinsatz legen.

Auf der Universalgarstufe (100 Grad) 20 Minuten dämpfen. Die fertige Roulade mit kaltem Wasser abspülen, aus der Folie wickeln und in Scheiben schneiden. Mit klarer Suppe und fein geschnittenem Schnittlauch bestreut servieren.

Pro Portion: 330 Kilokalorien | 12 g Eiweiß | 15 g Fett | 38 g Kohlenhydrate

TIPP: Für die Füllung können statt Spinat auch Karotten, Brokkoli oder Kürbis verwendet werden. Dafür das Gemüse garen und pürieren und wie den Spinat zu einer streichfähigen Füllung verarbeiten.

Überbackene gefüllte Paprika mit lauwarmer Kräutersoße

Zutaten für 4 Portionen

Gefüllte Paprika
200 g Weißbrotwürfel
250 ml Sojamilch
100 g Soja- oder Guakernmehl
300 ml Wasser
120 g Zwiebeln
40 ml Maiskeimöl
15 g Petersilie
2 Knoblauchzehen
1 Msp. frisch geriebene Muskatnuss
Salz
100 g fein geschnittener Sojakäse
4 bunte Paprikaschoten (ca. 600 g)

Soße
20 ml Maiskeimöl
20 g Weizenmehl
250 ml Sojamilch
Kräutersalz
Pfeffer aus der Mühle
Garten- oder Wildkräuter nach Wunsch (zum Beispiel Schnittlauch, Petersilie, Basilikum, Majoran, Oregano)

Zubereitung

Für die Füllung die Weißbrotwürfel mit Milch, Sojamehl und Wasser übergießen, gut durchrühren und anziehen lassen. Zwiebeln fein hacken und in Maiskeimöl hellbraun anschwitzen lassen. Petersilie und Knoblauchzehen fein schneiden. Alle Zutaten mit den Gewürzen gut vermengen und circa 15 Minuten durchziehen lassen.

Währenddessen die Paprika halbieren und das Kerngehäuse herauslösen. In den Dampfsiebeinsatz legen und auf der Gemüsegarstufe (100 Grad) 2 Minuten mit Dampf vorgaren. Füllung in die Paprikahälften geben und im Kombigerät bei 180 Grad 15 bis 20 Minuten backen. Ist kein Kombigerät vorhanden, werden die Paprika zuerst 15 Minuten auf der Universalgarstufe (100 Grad) mit Dampf gegart und dann im vorgeheizten Backofen bei 225 Grad 5 Minuten goldbraun überbacken.

Für die Soße Öl erhitzen, Mehl beifügen und gut verrühren. Mit Milch aufgießen und würzen. Kurz vor dem Servieren die fein geschnittenen Kräuter beifügen und abschmecken. Mit den gebackenen Paprika auf Kräutern hübsch anrichten.

Pro Portion: 480 Kilokalorien | 21 g Eiweiß | 28 g Fett | 37 g Kohlenhydrate

TIPP: Dazu passt eine sommerliche Tomatensoße ganz ausgezeichnet.

Schokoladekuchen in Birnen

Zutaten für 4 Portionen

80 g vegane Margarine
80 g Kristallzucker
10 g Eiersatz
100 g Zartbitterschokolade
(Kakaoanteil 70 %)
80 g Weizenmehl
50 ml Sojajoghurt
2 große Birnen

40 g Schokolade als Garnitur
Backzucker zum Besieben

Zubereitung

Margarine mit Zucker und Eiersatz schaumig schlagen. Schokolade schmelzen und unter den Abtrieb mischen. Mehl und Joghurt unterrühren. Birnen halbieren, sodass auch der Stängel geteilt wird, das Kerngehäuse tief herausschälen. Teig einfüllen und auf der Universalgarstufe (100 Grad) 15 bis 18 Minuten mit Dampf garen.

Für die Garnitur Schokolade zerlassen. In einen Ein-Liter-Plastikbeutel füllen und mit einer Schere ein kleines Loch in eine Ecke schneiden. Mit raschen Bewegungen Schokoladelinien auf die Teller ziehen. Birnen darauflegen, mit Backzucker leicht besieben und sofort servieren.

Pro Portion: 580 Kilokalorien | 9 g Eiweiß | 31 g Fett | 69 g Kohlenhydrate

TIPP: Schokolade können Sie zum Zerlassen in einen Suppenteller legen und mit kochendem Wasser übergießen. Die Schokolade vermischt sich nicht, das Wasser muss am Schluss nur abgegossen werden.

Kräuterbiskuitrauten mit klarer Gemüsebrühe

Zutaten für 4 Portionen

2 Eier
Kräutersalz
100 g Weizenmehl
1 Msp. frisch geriebene Muskatnuss
2 EL fein gehackte Kräuter (Petersilie, Schnittlauch, Majoran, Basilikum, Bohnenkraut, Estragon)

1 l klare Gemüsebrühe
Schnittlauch zum Bestreuen

Zubereitung

Die Eier mit dem Salz schaumig aufschlagen. Mehl, Muskatnuss und Kräuter unterheben. Eine Kastenform für Kuchen mit Frischhaltefolie auslegen und Masse einfüllen. Auf der Universalgarstufe (100 Grad) 20 Minuten mit Dampf garen. Herausnehmen und auskühlen lassen.

Nach dem Fertiggaren stürzen, Folie abziehen und mit einem Küchenlineal in kleine gleichmäßige Rauten (Seitenlänge circa 2 ½ cm) schneiden. Mit klarer, kräftiger Gemüsebrühe und Schnittlauch servieren.

Pro Portion: 150 Kilokalorien | 5 g Eiweiß | 6 g Fett | 20 g Kohlenhydrate

TIPP: Kräuter sind eine Variante. Wie wäre es zur Abwechslung mit 80 g fein geriebenem Hartkäse oder mit 100 g gegartem Gemüse nach Jahreszeit?

Kartoffel-Spinat-Auflauf im Glas

Zutaten für 4 Portionen

500 g mehligkochende Kartoffeln
Salz, Pfeffer aus der Mühle
1 EL Majoranblätter
250 g blanchierter oder
tiefgekühlter Blattspinat
125 ml saure Sahne
3 Eier
100 g Schafschnittkäse

Zubereitung

Kartoffeln auf der Gemüsegarstufe (100 Grad) 25 Minuten dämpfen und danach abkühlen lassen. Kartoffeln schälen und in feine Blätter schneiden. Mit Salz, Pfeffer und Majoran abschmecken.

Blattspinat, saure Sahne sowie Eier unterheben und 20 Minuten durchziehen lassen. Schafkäse in kleine Würfel schneiden und zu zwei Dritteln unter die Kartoffelmasse rühren.

Masse gleichmäßig in kleine Einweckgläser füllen und im Dampfsiebeinsatz auf der Universalgarstufe (100 Grad) 20 Minuten dämpfen. Den restlichen Schafkäse darüberstreuen und bei 200 Grad 5 Minuten überbacken.

Pro Portion: 280 Kilokalorien | 14 g Eiweiß | 16 g Fett | 18 g Kohlenhydrate

TIPP: Ist kein Kombigerät vorhanden, können die kleinen Aufläufe auch im Backofen gegart werden. Dazu werden die Gläser auf ein Backblech gestellt und das Backblech circa 1 cm hoch mit warmem Wasser befüllt. Gebacken werden die kleinen Aufläufe 20 bis 25 Minuten bei 180 Grad.

Getränkte Mandel-Marzipan-Muffins

Zutaten für 4 Portionen

Muffins
2 Eier
80 g Puderzucker
50 g Butter
100 g Marzipanrohmasse
30 g Weizenmehl
1/2 Pkg. Backpulver
50 g geriebene Mandeln

Gewürzsud
20 g Kristallzucker
250 ml Riesling
1 Zimtstange
1 Sternanis
4 Nelken
Schale von 1/2 Zitrone

125 ml Schlagsahne zum Garnieren

Zubereitung

Eier trennen. Eiweiße zu festem Schnee schlagen. Eigelbe mit Zucker und Butter sehr schaumig aufschlagen. Marzipan in kleine Stücke schneiden und mit dem Mehl und dem Backpulver unter den Abtrieb rühren. Den Eischnee vorsichtig unterheben. In kleine Muffin- oder Gugelhupfformen füllen und im Kombigerät bei 180 Grad 15 bis 17 Minuten ohne Dampf backen.

Inzwischen den Zucker karamellisieren und mit Wein aufgießen. Gewürze sowie Zitronenschale dazugeben und zugedeckt 3 Minuten mitkochen. Vom Herd nehmen und 5 Minuten nachziehen lassen.

Muffins aus den Formen lösen und für circa 5 Minuten in den Gewürzsud legen, damit die Kuchen die Flüssigkeit aufnehmen können. Dann portionsweise anrichten und mit geschlagener Sahne garniert servieren.

Pro Portion: 680 Kilokalorien | 12 g Eiweiß | 38 g Fett | 42 g Kohlenhydrate

TIPP: Ist kein Kombibackofen vorhanden, können die Muffins ganz einfach im Dampfgarer auf der Universalgarstufe (100 Grad) 20 Minuten garen.

Grüner Spargel mit Basilikum-Mandel-Pesto

Zutaten für 4 Portionen

Pesto
2 Handvoll Basilikum
80 g Mandeln
20 g Kürbiskerne
4 geschälte Knoblauchzehen
Kräutersalz
125 ml Kürbiskern- oder Olivenöl

500 g grüner Spargel
Salz

20 g Mandelsplitter
40 g geriebene Kürbis- oder Pinienkerne

Zubereitung

Für das Pesto die Basilikumblätter von den Stängeln abzupfen und mit allen anderen Zutaten in einem Cutter fein pürieren und gut abschmecken. Den Spargel gegebenenfalls an den dickeren Spargelenden schälen und in einem ungelochten Dampfeinsatz auf der Gemüsegarstufe (100 Grad) 6 Minuten mit Dampf garen.

Das durch den Dampf in der Schale abgesetzte Wasser abgießen. Spargel leicht salzen und nochmals 2 Minuten mit Dampf garen. Auf einem Teller hübsch anrichten, mit Mandelsplittern sowie gerösteten Kürbiskernen bestreuen und mit Basilikum-Mandel-Pesto servieren.

Pro Portion: 690 Kilokalorien | 20 g Eiweiß | 66 g Fett | 5 g Kohlenhydrate

TIPP: Spargel, Bärlauchpesto mit Pinienkernen und Olivenöl ist eine tolle Kombination und schmeckt ebenfalls ausgezeichnet.

Buntes Gemüserisotto

Zutaten für 4 Portionen

300 g Zucchini
200 g Zwiebeln
250 g bunte Paprika
1 EL Oliven- oder Rapsöl
3 Knoblauchzehen
250 g Rundkorn- oder Risottoreis
400 g Tomaten
1 EL Tomatenmark
125 ml Rotwein
Salz, Pfeffer aus der Mühle
20 g Petersilie
100 g Tofu

Zubereitung

Zucchini halbieren oder vierteln und in 1/2 cm dünne Scheiben schneiden. Zwiebeln schälen und ebenso in Scheiben schneiden. Paprika halbieren, Kerngehäuse entfernen und in gefällige, nicht zu kleine Stücke schneiden.

Gemüse zusammen mit dem gehackten Knoblauch in wenig Öl in einem ungelochten Dampfeinsatz auf der Gemüsegarstufe (100 Grad) vorgaren. Den Reis hinzufügen und mit Wasser knapp bedecken. Mit Salz und Pfeffer würzen. 10 Minuten auf derselben Garstufe weitergaren.

Tomaten aushöhlen, in große Würfel schneiden und mit dem Tomatenmark zum Reis geben. Durchrühren und mit Rotwein aufgießen. Weitere 20 Minuten garen; ungefähr alle 5 Minuten den Garvorgang unterbrechen und das Risotto gut durchrühren.

Fertiges Risotto mit Salz sowie Pfeffer gut abschmecken, vor dem Servieren gehackte Petersilie unter den Reis mischen. Feinst geschnittenen Tofu entweder mit der gehackten Petersilie unterrühren oder einfach darüberstreuen. In einem tiefen Teller anrichten und mit Gemüsestücken garniert servieren.

Pro Portion: 360 Kilokalorien | 13 g Eiweiß | 5 g Fett | 59 g Kohlenhydrate

TIPP: Sie können auch Weizen- oder Dinkelreis verwenden – eine gesunde und köstliche Variante.

Erdbeer-Rhabarber-Kompott

Zutaten für 4 Portionen

200 g Erdbeeren
200 g Rhabarber
50 g Honig
Saft von 1/2 Zitrone

Zitronenmelisseblätter
zum Garnieren

Zubereitung

Rhabarber schälen und in circa 2 cm große Stücke schneiden. Erdbeeren vom Stielansatz befreien und vierteln. Erdbeeren und Rhabarber mit dem Honig und dem Zitronensaft in einem kleinen Gefäß vermengen und auf den Gitterrost stellen.

Auf der Gemüsegarstufe (100 Grad) 10 Minuten mit Dampf garen. Kompott gut durchrühren und wenn gewünscht noch nachwürzen beziehungsweise süßen. In dekorativen Gläsern anrichten und mit Melisseblättern garniert servieren.

Pro Portion: 60 Kilokalorien | 1 g Eiweiß | 0 g Fett | 13 g Kohlenhydrate

TIPP: Das Kompott kann auch gleich in den Gläsern gegart werden.

Variante
Erdbeer-Rhabarber-Pudding

Die Zutaten sind die gleichen wie für das Kompott. Dazu geben Sie 30 g Vanillepuddingpulver und 125 ml (naturtrüben) Apfelsaft. Das Puddingpulver mit dem Apfelsaft verrühren und über die bereits vorbereiteten Zutaten des Kompotts gießen oder, wenn das Dessert in Gläsern zubereitet wird, darauf verteilen. Garen wie im Rezept für das Kompott beschrieben.

Pro Portion: 100 Kilokalorien | 1 g Eiweiß | 0 g Fett | 23 g Kohlenhydrate

Fleisch

Speckgrießklöße in kräftiger Fleischbrühe

Zutaten für 4 Portionen

50 g Butter
250 ml Milch
Salz
125 g Weizengrieß
50 g geräucherter Bauchspeck
1 Ei

1 l Fleischbrühe
fein gehackter Schnittlauch

Zubereitung

In einem kleineren, dichten Gefäß die Butter mit der gesalzenen Milch auf der Universalgarstufe (100 Grad) aufkochen. Den Grieß und den Speck zufügen und 5 Minuten dämpfen. Mit einem Schneebesen gut umrühren und noch 3 Minuten im ausgeschalteten Dampfgarer nachdämpfen lassen. Das Ei in die noch warme Masse einrühren.

Aus der Knödelmasse 12 kleine Klöße formen. Diese in den Dampfsiebeinsatz legen und auf der Universalgarstufe (100 Grad) 10 Minuten mit Dampf garen. In einer kräftigen Fleischbrühe mit fein gehacktem Schnittlauch anrichten und servieren.

Pro Portion: 300 Kilokalorien | 10 g Eiweiß | 18 g Fett | 25 g Kohlenhydrate

TIPP: Mit gerösteten Zwiebelringen schmecken die Klöße auch als Hauptspeise ausgezeichnet.

Gemüse-Fleisch-Knödelscheiben mit Kräuterrahm

Zutaten für 4 Portionen

100 g Erbsen
100 g Karotten
100 g grüne Bohnen
100 g Blumenkohl
100 g Zwiebeln
30 g Butter oder Pflanzenöl
250 ml Milch
3 Eier
250 g Weißbrotwürfel
300 g Hackfleisch
Kräutersalz
1 Msp. frisch geriebene Muskatnuss
20 g Petersilie

Frischhaltefolie

Zubereitung

Karotten in kleine Würfel schneiden, Bohnen klein schneiden. Erbsen, Karotten, grüne Bohnen und Blumenkohlröschen auf der Gemüsegarstufe (100 Grad) in 4 Minuten mit Dampf weich garen. Die Zwiebeln schälen, fein hacken und in Butter oder Pflanzenöl andünsten, bis sie glasig sind.

Milch und Eier gut miteinander verrühren und über die Weißbrotwürfel gießen. Einige Minuten durchziehen lassen. Abgekühltes Gemüse, Hackfleisch und Zwiebeln sowie Gewürze und Petersilie beifügen und gut durchmischen. Die Knödelmasse abschmecken, in Frischhaltefolie einwickeln und zu einer Rolle formen.

Auf der Universalgarstufe (100 Grad) 40 Minuten mit Dampf garen. Währenddessen für den Rahm die Kräuter fein schneiden und mit Kräutersalz sowie saurer Sahne verrühren und würzig abschmecken. Knödel in Scheiben schneiden und mit dem Kräuterrahm hübsch anrichten.

Pro Portion: 650 Kilokalorien | 31 g Eiweiß | 39 g Fett | 43 g Kohlenhydrate

TIPP: Dazu passen Salate der Saison (im Sommer Kopfsalat, im Herbst Endivien-, im Winter Feldsalat, im Frühling Löwenzahn- oder Pflücksalat) ganz ausgezeichnet.

Walnusspudding mit eingedicktem Apfel-Vanille-Ragout

Zutaten für 4 Portionen

Walnusspudding
3 Eier
50 g Butter
50 g Kristallzucker
100 g geriebene Walnüsse
75 g fein geriebener Zwieback
oder Biskuitbrösel
abgeriebene Schale von 1/2 Zitrone
1 Prise Salz
50 ml Schlagsahne
15 g fein geriebener Ingwer

20 g Butter und 20 g Paniermehl
für die Form

Apfel-Vanille-Ragout
2 Äpfel
125 ml Apfelsaft
20 g Kristallzucker
10 g Vanillepuddingpulver
Mark von 1 Vanilleschote

Zubereitung

Eier trennen. Butter schaumig rühren, Eigelbe und Zucker zugeben und sehr schaumig aufschlagen. Geriebene Walnüsse, Zwieback oder Biskuitbrösel, Zitronenschale, Salz, Sahne und Ingwer einrühren. Eiweiße zu sehr steifem Schnee schlagen. Den Eischnee vorsichtig unter den Abtrieb heben.

Eine Dampfpuddingform mit Butter ausstreichen und mit Paniermehl ausstreuen. Puddingmasse einfüllen und die Form verschließen. Pudding auf der Universalgarstufe (100 Grad) 35 bis 40 Minuten mit Dampf garen.

Inzwischen für das Apfel-Vanille-Ragout die Äpfel schälen, Kerngehäuse entfernen und in kleine Würfel schneiden. In einem dichten kleineren Gefäß mit Apfelsaft, Zucker, Puddingpulver und dem Vanillemark verrühren und mit dem Pudding im Dampfgarer 5 Minuten mitdämpfen. Herausnehmen und gut durchrühren.

Den fertigen Pudding stürzen und Portionsstücke abschneiden, mit dem Apfel-Vanille-Ragout anrichten und noch warm servieren.

Pro Portion: 640 Kilokalorien | 12 g Eiweiß | 41 g Fett | 57 g Kohlenhydrate

TIPP: Die Walnüsse können durch Mandeln oder Haselnüsse ersetzt werden. Der Pudding kann auch gleich in Portionsförmchen gegart werden.

Spinatsuppe mit weichen Butternockerln

Zutaten für 4 Portionen

Spinatsuppe
30 g Butter
20 g Weizenmehl
750 ml Gemüsebrühe
200 g Blattspinat
50 ml Schlagsahne
2 Knoblauchzehen
Salz, Pfeffer aus der Mühle
1 Msp. frisch geriebene Muskatnuss

Butternockerl
50 g Butter
1 Ei
90 g Weizenmehl
2 EL Milch
Salz

Zubereitung

Für die Suppe Butter und Mehl in einem ungelochten Gefäß im Dampfgarer auf der Gemüsegarstufe (100 Grad) 2 Minuten dämpfen. Herausnehmen und mit Gemüsebrühe aufgießen.

Knoblauch schälen, fein schneiden und dazugeben. Suppe abschmecken und im Dampfgarer 5 Minuten garen. Den Spinat mit der Sahne zur Suppe geben. Noch 1 Minute dämpfen, dann abschmecken und fein pürieren.

Für die Nockerl Butter und Ei mit einem Mixer gut verrühren. Mehl, Milch und Salz beifügen und unterziehen. Mit einem Teelöffel kleine Nockerl formen und in einen Dampfsiebeinsatz legen. Im Dampfgarer zusammen mit der Suppe 8 Minuten garen. Suppe anrichten, die Nockerl hineinlegen und heiß servieren.

Pro Portion: 350 Kilokalorien | 7 g Eiweiß | 26 g Fett | 22 g Kohlenhydrate

TIPP: In der Winterzeit kann auch Tiefkühlspinat verwendet werden.

Rindfleisch-Gemüse-Ragout mit Kartoffelpüree

Zutaten für 4 Portionen

Ragout
600 g Rinderschulter
150 g Zwiebeln
30 g Pflanzenöl
150 g Karotten
150 g Knollensellerie
Lorbeerblatt
Salz, Pfeffer aus der Mühle
Thymian
Wacholderbeeren
300 ml Fleischbrühe
100 g Stangensellerie
je 80 g rote und gelbe Paprika
10 g Maisstärke
50 ml Schlagsahne

Kartoffelpüree
600 g mehligkochende Kartoffeln
1 Msp. frisch geriebene Muskatnuss
50 g weiche Butter
ca. 200 ml heiße Milch
Salz

Zubereitung

Fleisch in mundgerechte Stücke schneiden, Zwiebeln hacken und beides in etwas Öl kurz durchrösten. In einen höheren Topf geben. Karotten und Knollensellerie in große Würfel schneiden. Mit den Gewürzen zum Fleisch und den Zwiebeln geben und mit Fleischbrühe aufgießen.

Auf der Universalgarstufe (100 Grad) 20 Minuten mit Dampf garen. Stangensellerie in Ringe und Paprika in Würfel schneiden, dazugeben und das Ragout weitergaren.

Währenddessen die Kartoffeln für das Püree schälen und im ungelochten Dampfeinsatz gleichzeitig mit dem Ragout 15 Minuten dämpfen. Die Kartoffeln in einen höheren Topf geben und mit den restlichen Zutaten zu einem Püree stampfen.

Maisstärke und Sahne miteinander vermischen. Das Ragout gut abschmecken und mit dem Maisstärke-Sahne-Gemisch leicht binden. Ragout mit dem Püree anrichten und servieren.

Pro Portion: 640 Kilokalorien | 38 g Eiweiß | 42 g Fett | 29 g Kohlenhydrate

TIPP: Für dieses Ragout eignet sich ebenso auch Fleisch von Schwein, Huhn oder Pute.

Grießflammeri auf bunten Beeren

Zutaten für 4 Portionen

250 ml Vollmilch
50 g Honig
Mark von 1 Vanilleschote
50 g Weizengrieß
5 Blatt Gelatine
250 ml Schlagsahne

200 g bunte Beeren (Erdbeeren, Heidelbeeren, Himbeeren, Stachelbeeren, Jostabeeren, Brombeeren)

Zubereitung

Die Milch zusammen mit Honig und Vanillemark in einen hohen Topf geben und gut miteinander verrühren. Mit dem Grieß im Dampfgarer auf der Universalgarstufe (100 Grad) aufkochen und danach 2 Minuten dämpfen.

Die Gelatineblätter in kaltem Wasser einweichen. Die Gelatine ausdrücken und unter die heiße Grießmasse rühren, bis sie sich schön aufgelöst hat. Die Sahne aufschlagen. Kurz vor dem Festwerden der Grießmasse die Sahne unterziehen.

Förmchen oder auch dekorative Gläser mit kaltem Wasser ausspülen. Die Flammerimasse einfüllen und die Förmchen oder Gläser mit Frischhaltefolie verschließen. Mindestens für 2 Stunden kalt stellen. Mit frischen Beeren bestreut servieren.

Pro Portion: 340 Kilokalorien | 7 g Eiweiß | 22 g Fett | 26 g Kohlenhydrate

TIPP: Die Beeren können zum Teil auch schon unter die Flammerimasse gehoben werden, das lässt die Speise noch bunter aussehen.

Schinken-Brokkoli-Päckchen auf Blattsalat

Zutaten für 4 Portionen

150 g Brokkoliröschen
50 g Schafschnittkäse
50 g Magerquark
1 Ei
Kräutersalz
4 Scheiben Kochschinken
Schnittlauch

1 kleiner Blattsalatkopf
Kürbiskern-, Walnuss- oder Leinöl
roter Balsamicoessig
Kräutersalz

Zubereitung

Brokkoliröschen im Dampfsiebeinsatz auf der Gemüsegarstufe (100 Grad) 2 Minuten mit Dampf garen. Käse fein schneiden und mit Quark, Ei sowie Salz gut verrühren.

Die Schinkenscheiben auf einer Seite mit der Quarkmasse bestreichen und die Brokkoliröschen darauflegen. Schinken einrollen und mit Schnittlauch zubinden. Im Dampfsiebeinsatz auf der Gemüsegarstufe (100 Grad) 8 Minuten dämpfen.

Salat waschen, zerpflücken und trocken schleudern. Marinieren und auf Tellern anrichten. Die Schinkenpäckchen halbieren und überlappend auf den Salat legen.

Pro Portion: 200 Kilokalorien | 15 g Eiweiß | 14 g Fett | 2 g Kohlenhydrate

Saftige Geflügelpastete mit Gemüsereis

Zutaten für 4 Portionen

Geflügelpastete
300 g Brokkoli
2 Eier
400 g Hühnerbrustfilet
250 ml Schlagsahne
Kräutersalz, Pfeffer aus der Mühle
1 TL edelsüßes Paprikapulver

Öl zum Einfetten der Form

Gemüsereis
150 g Basmatireis
300 ml Wasser
Kräutersalz
250 g Gemüse nach Saison (Karotten, Erbsen, Fisolen, Brokkoli, Paprika, Mais)

Zubereitung

Brokkoli in Röschen teilen. Im Dampfsiebeinsatz auf der Gemüsegarstufe (100 Grad) 3 Minuten mit Dampf garen. Eier trennen. Hühnerbrustfilet in Würfel schneiden und im Cutter pürieren, Sahne und Eigelbe beifügen, unterrühren und mit Salz, Pfeffer und Paprikapulver abschmecken.

Eiweiße steif schlagen und vorsichtig unter die Fleischmasse heben. Kasten- oder andere Pastetenform einfetten. Die Hälfte der Fleischmasse einfüllen und glatt streichen. Brokkoli gleichmäßig einschichten, dabei an allen Seiten einen Rand von circa 1 cm freilassen. Restliche Fleischmasse darübergeben.

Form mit Alu- oder Bratfolie abdecken und in einen mit etwas Wasser (circa 125 ml) befüllten Dampfeinsatz stellen. Im Kombigerät oder im Ofen bei 200 Grad etwa 30 bis 40 Minuten backen.

Reis mit Wasser und Salz in einen geschlossenen Dampfgarbehälter geben und bei 100 Grad 12 Minuten mit Dampf garen. Danach vorbereitetes Gemüse dazugeben, durchrühren und noch 8 Minuten fertig garen.

Pro Portion: 340 Kilokalorien | 30 g Eiweiß | 23 g Fett | 4 g Kohlenhydrate

TIPP: Die Pastete kann auch mit einem pikanten Mürbeteig umhüllt werden. Dann jedoch während des Garvorgangs nicht abdecken.

Karamellisiertes Heidelbeer-Vanille-Gratin

Zutaten für 4 Portionen

2 Eier
80 g Kristallzucker
Mark von 1 Vanilleschote
40 g Weizenmehl
40 g Vanillepuddingpulver

200 g Heidelbeeren

Puderzucker zum Besieben

Zubereitung

Eier und Zucker mit dem Vanillemark sehr schaumig aufschlagen. Mehl und Vanillepuddingpulver in den Teig sieben und vorsichtig unterheben.

Heidelbeeren – ein paar für die Dekoration weglegen – portionsweise in die Gläser füllen und die Vanillebiskuitmasse darauf verteilen. Gläser in einen Dampfsiebeinsatz stellen und auf der Universalgarstufe (100 Grad) 15 bis 17 Minuten mit Dampf garen.

Gläser aus dem Dampfgarer nehmen und noch warm mit Puderzucker besieben. Mit dem Gasflämmer den Zucker karamellisieren. Mit Beeren dekoriert servieren.

Ist kein Gasflämmer zur Hand, 50 g Kristallzucker in einer Pfanne karamellisieren und das hellbraune Karamell über das Gratin gießen.

Pro Portion: 200 Kilokalorien | 5 g Eiweiß | 3 g Fett | 39 g Kohlenhydrate

TIPP: Dieses Gericht kann auch in einem Kombidampfgarer zubereitet werden. Die Garzeit beträgt bei 200 Grad 12 Minuten. Die Oberfläche ist dann braun und müsste nur leicht überzuckert werden.

Goudarosetten mit Gemüsefüllung auf Blattsalaten

Zutaten für 4 Portionen

Goudarosetten
125 ml Milch
30 g Butter
1/2 TL Salz
1/2 TL edelsüßes Paprikapulver
100 g Weizenmehl
2–3 Eier
70 g geriebener Gouda

Gemüsefüllung
50 g Stangensellerie
100 g bunte Paprikawürfel
50 g Frühlingszwiebeln
50 g Karotten
125 ml Schmand
Kräutersalz
bunter Pfeffer aus der Mühle

Blattsalate der Saison (Radicchio, Chicorée, Eisbergsalat, Kopfsalat, Chinakohl)

krause Petersilie und Gänseblümchen zur Dekoration

Zubereitung

Die Milch mit Butter, Salz und Paprikapulver zum Kochen bringen. Das Mehl dazugeben und mit dem Kochlöffel so lange rühren, bis sich die Masse vom Topfrand löst. Etwas auskühlen lassen, die Eier nacheinander unterrühren. Zum Schluss den Gouda hinzufügen.

Die Masse in einen Spritzsack mit Lochtülle füllen und Rosetten auf das mit Backpapier ausgelegte Blech des Kombidampfgarers dressieren. Im Dampfgarer auf der Universalgarstufe (100 Grad) 3 Minuten mit Dampf garen, da ein Brandteig zum Aufgehen gern Feuchtigkeit mag. Danach auf die Backstufe umschalten und noch weitere 15 Minuten bei 200 Grad backen. Die Ofentür während der gesamten Garzeit nicht öffnen, damit die Rosetten nicht zusammenfallen. Nachdem die Rosetten fertig gebacken sind, diese gut auskühlen lassen.

Für die Füllung das Gemüse in kleine Würfel oder Ringe schneiden und im Dampfgarer auf der Gemüsegarstufe (100 Grad) 4 bis 5 Minuten mit Dampf garen. Auskühlen lassen und dann mit Schmand sowie Salz und Pfeffer vermengen und gut abschmecken. Goudarosetten quer einschneiden und mit dem Gemüse füllen. Mit krauser Petersilie und Gänseblümchen dekoriert auf Blattsalaten servieren.

Pro Portion: 340 Kilokalorien | 12 g Eiweiß | 22 g Fett | 24 g Kohlenhydrate

TIPP: Wer keinen Kombigarer hat, backt die Goudarosetten im Backofen bei 200 Grad 15 bis 18 Minuten bei ständig geschlossener Backofentür. Vorher das Backblech mit Wasser besprühen, damit in den ersten Minuten ausreichend Dampf im Ofen ist.

Gratinierte Speckpolenta mit Tomaten

Zutaten für 4 Portionen

Speckpolenta
250 g Polenta (Maisgrieß)
500 ml Wasser
100 g durchzogener Bauchspeck
150 g Zwiebeln
4 große Tomaten

Béchamelsoße
20 g Butter
20 g Weizenmehl
ca. 250 ml Milch
Kräutersalz

100 g geriebener Emmentaler
zum Bestreuen

Zubereitung

Polenta, Wasser und Salz in einem Kochtopf auf der Universalgarstufe (100 Grad) 5 Minuten mit Dampf garen. Danach einmal umrühren und wenn nötig nochmals 3 Minuten fertig garen.

Speck fein schneiden und in einer Pfanne erhitzen, sodass das Fett austritt. Zwiebeln fein schneiden und darin hellbraun rösten. Unter die Polenta rühren und würzig abschmecken. Polentamasse in eine gefettete Auflaufform geben und glatt streichen. Tomaten in Scheiben schneiden und in Reihen auf die Polenta legen.

Für die Béchamelsoße die Butter zerlassen, Mehl beifügen und gut verrühren. Mit Milch aufgießen und würzen. Über die Tomatenpolenta gießen und mit Emmentaler bestreuen. Im Kombigerät ohne Dampf oder im Backofen bei 180 Grad 10 Minuten gratinieren, bis die Oberfläche eine schöne braune Farbe hat.

Pro Portion: 520 Kilokalorien | 21 g Eiweiß | 22 g Fett | 59 g Kohlenhydrate

Schokoladetörtchen mit warmer Schokoladesoße und Dunstäpfeln

Zutaten für 4 Portionen

Schokoladetörtchen
3 Eier
50 g Butter
50 g Puderzucker
50 g Kochschokolade
40 g geriebene Walnüsse
40 g Weizenmehl
½ TL Backpulver
25 g Kristallzucker

Butter zum Bestreichen der Formen
Puderzucker zum Bestreuen

Schokoladesoße
100 g Kochschokolade
50 g Butter

Dunstäpfel
2 Äpfel
80 ml Apfelsaft
80 g Gelierzucker
2 Gewürznelken
etwas Zimtpulver

Zubereitung

Für die Dunstäpfel die Äpfel schälen und vierteln, entkernen und in Würfel schneiden. Mit Apfelsaft, Gelierzucker und den Gewürzen vermengen und in einem Gefäß im Dampfgarer auf der Universalgarstufe (100 Grad) 8 Minuten mit Dampf garen. Auskühlen lassen, damit die Apfelmasse durch den Gelierzucker ein wenig eindickt.

Für die Törtchen die Eier trennen. Eigelbe, Butter und Puderzucker schaumig rühren. Schokolade mit kochend heißem Wasser übergießen und erweichen. Danach das Wasser abgießen und die weiche Kochschokolade unter den Abtrieb rühren. Nüsse mit Mehl und Backpulver ebenfalls zum Abtrieb geben und gut unterrühren.

Eiweiße mit Kristallzucker zu steifem Schnee schlagen und dann vorsichtig unter den Abtrieb heben. Kleine Törtchenformen (Inhalt 150 ml) mit Butter bestreichen und den Teig einfüllen. Im Kombigerät oder Ofen bei 180 Grad 20 Minuten ohne Dampf backen.

Für die Soße Schokolade zerkleinern, mit der Butter in eine kleine Schüssel geben und 5 Minuten im Ofen schmelzen, danach glatt rühren. Törtchen noch warm aus der Form stürzen und anrichten. Leicht überzuckern und mit der Schokoladesoße und den Dunstäpfeln servieren.

Pro Portion: 790 Kilokalorien | 11 g Eiweiß | 46 g Fett | 84 g Kohlenhydrate

TIPP: Anstelle von Äpfeln harmonieren auch Birnen und Birnensaft geschmacklich hervorragend.

Maronenschaumsuppe mit süßen Weißbrotchips

Zutaten für 4 Portionen

300 g ausgelöste Maronen
100 g Zwiebeln
1 l Gemüsebrühe
2 Gewürznelken
1 Lorbeerblatt
1 kleine Zimtstange
200 ml Schlagsahne
Salz

1 dünne Scheibe süßes Weißbrot
Kräuter zum Garnieren (glatte Petersilie, krause Petersilie, Kerbel)

Zubereitung

Die Maronen in einem Cutter oder Mixer zerkleinern. Die Zwiebeln schälen und feinwürfelig schneiden. Maronen, Zwiebeln, Gemüsebrühe und Gewürze im Dampfgarer in einem ungelochten Dampfeinsatz mit der Universalgarstufe (100 Grad) 10 Minuten mit Dampf garen.

Die Gewürze herausnehmen und die Suppe pürieren. Sahne zufügen und weitere 2 Minuten dämpfen. Weißbrot im Kombidampfgerät mit 100 Grad circa 10 Minuten trocknen. Danach in 4 gleich große Chips teilen.

Suppe würzig und aromatisch abschmecken und anrichten. Weißbrotchips darauflegen und mit Kräutern servieren.

Pro Portion: 370 Kilokalorien |5 g Eiweiß | 22 g Fett | 38 g Kohlenhydrate

TIPP: Die Maronen können durch passierte Käferbohnen ersetzt und mit Bohnenkraut gewürzt werden. Zur Suppe würde dann jeweils ein Grissini im Speckmantel hervorragend munden.

Rinderroulade mit Kräuterspiralnudeln

Zutaten für 4 Portionen

4 dünn geschnittene Rindsschnitzel
Kräutersalz, Pfeffer aus der Mühle
1 EL Estragonsenf
200 g Karotten
200 g Knollensellerie
150 g Zwiebeln
50 ml Pflanzenöl
250 ml Fleischbrühe
80 ml Schlagsahne

160 g Spiralnudeln
frische Kräuter nach Geschmack (Thymian, Zitronenthymian, Majoran, Oregano, Schnittknoblauch, Ysop, Petersilie)

Zubereitung

Die Schnitzel zwischen zwei Lagen Frischhaltefolie klopfen. Mit Salz und Pfeffer würzen und mit Senf bestreichen. Karotten und Sellerie schälen und in gleichmäßige Streifen mit einer Stärke von ungefähr 5 mm schneiden. Zwiebeln fein schneiden. Zwei Drittel der Gemüsestreifen auf die Schnitzel legen, einrollen und mit einer Rouladennadel oder Garn verschließen.

In etwas Öl in einer Pfanne rundum scharf anbraten. Restliche Gemüsestreifen und Zwiebeln zufügen, mit etwas Fleischbrühe aufgießen. Rouladen mit Brühe und Gemüse in einen geschlossenen Dampfgareinsatz geben und auf der Universalgarstufe (100 Grad) 30 Minuten mit Dampf garen. Die fertigen Rouladen warm stellen. Das Gemüse pürieren, durch ein Sieb streichen und mit der Sahne zu einer Soße verrühren.

Während des Garvorgangs der Rouladen die Nudeln in einem dichten Dampfgareinsatz mit der doppelten Menge Wasser mitgaren. Nudeln anrichten und mit fein gehackten Kräutern bestreuen. Soße auftragen, Nadeln aus den Rouladen ziehen und Rouladen schräg halbieren.

Pro Portion: 520 Kilokalorien | 38 g Eiweiß | 26 g Fett | 34 g Kohlenhydrate

TIPP: Als weitere Beilagen wären Kartoffel-, Topinambur- oder ein gemischtes Gemüsepüree (Kartoffel-Sellerie, Kartoffel-Spinat, Kartoffel-Karotten) ausgezeichnet geeignet. Für die Füllung können statt des Gemüses Speck und Essiggürkchen oder auch eine gut gewürzte Kartoffel-Kräuter-Füllung Verwendung finden.

Götterspeise

Zutaten für 4 Portionen

300 g frische Früchte (z. B. Äpfel, Erdbeeren, Kirschen, Aprikosen)
70 g Kristallzucker
40 ml Rum oder Apfelsaft
50 g Kochschokolade
30 g Butter
10 Stücke Löffelbiskuit
30 g Vanillepuddingpulver
400 ml Milch

Zubereitung

Die Früchte in gefällige Stücke schneiden und mit der Flüssigkeit sowie 40 g Zucker einige Minuten durchziehen lassen. Die Schokolade mit der Butter in einem kleinen Gefäß im Dampfgarer auf der Universalgarstufe (100 Grad) zerlassen (dauert circa 3 Minuten).

Zwei Löffelbiskuits halbieren und die Enden in die flüssige Schokoladebutter tauchen. Auf ein Stück Butterbrotpapier legen, damit die Schokolade fest wird. Obstsalat in hübsche Gläser einfüllen. Restliche Biskuits brechen und darauf verteilen, damit sie mit den Früchten anziehen können.

Puddingpulver mit der Milch und dem restlichen Zucker verrühren und in einem geeigneten Gefäß im Dampfgarer auf der Universalgarstufe (100 Grad) in 6 Minuten zu einem Pudding stocken lassen.

Gut durchrühren und noch heiß über die Biskuit-Früchte-Mischung gießen. Pudding auskühlen lassen. Die Gläser mit einem halben Schokoladelöffelbiskuit garnieren.

Pro Portion: 380 Kilokalorien | 7 g Eiweiß | 15 g Fett | 49 g Kohlenhydrate

TIPP: Anstelle des Fruchtsalats sind Obstpürees eine tolle Alternative, so können sogar mehrere Farben ins Spiel gebracht werden. Je nach Geschmack kann auch ein anderer Pudding wie Schokolade- oder Karamellgeschmack zum Obst passend zubereitet werden.

Fisch

Kartoffel-Meerrettich-Suppe mit Räucherforelle und Kartoffelstroh

Zutaten für 4 Portionen

20 g Butter
100 g Zwiebeln
20 g Weizenmehl
1 l klare Gemüsebrühe
150 g Rahmfrischkäse
300 g mehligkochende Kartoffeln
Salz, Pfeffer aus der Mühle
Saft von 1/2 Zitrone
verschiedene Kräuter
(Dille, Kresse, Petersilie)
4 EL frisch gerissener Meerrettich

150 g Räucherforelle

Petersilie zum Bestreuen

250 ml Pflanzenöl zum Frittieren

Zubereitung

Butter zerlassen, Zwiebeln fein schneiden. Beides in einem Gefäß im Dampfgarer auf der Universalgarstufe (100 Grad) 5 Minuten lang anschwitzen. Mehl zugeben und mit Gemüsebrühe aufgießen. Frischkäse hinzufügen und auflösen. Kartoffeln schälen, grob raspeln und 200 g davon zur Suppe geben. Die Suppe mit Salz, Pfeffer und Zitronensaft würzen und weitere 10 Minuten mit Dampf garen. Zum Schluss die Suppe pürieren, den frisch gerissenen Meerrettich zugeben und abschmecken.

Während die Suppe gart, das Kartoffelstroh zubereiten. Dazu Pflanzenöl in einer kleineren Pfanne erhitzen und die zurückbehaltenen Kartoffeln darin goldgelb frittieren. Stroh und fein geschnittene Petersilie über die angerichtete Suppe streuen.

Die Räucherforelle in feine Streifen schneiden, im Dampfgarer auf der Universalgarstufe (100 Grad) 2 Minuten lang erwärmen und in der Suppe servieren.

Pro Portion: 290 Kilokalorien | 14 g Eiweiß | 19 g Fett | 16 g Kohlenhydrate

TIPP: Die Räucherforelle kann durch eine Räucherlachsforelle ersetzt werden. Sehr gut passen aber auch marinierte, kurz gebratene kleine Filetstücke von Zander, Wolfsbarsch, Wels oder Karpfen.

Gedämpfter Kräutersaibling, Curryfruchtreis und Rotweinzwiebeln

Zutaten für 4 Portionen

Kräutersaibling
4 Saiblinge à ca. 300 g
Kräutersalz
50 g frische Kräuter aus dem Garten (Salbei, Ysop, Bohnenkraut, Thymian, Estragon, Petersilie, Salbei)
80 g Butter

Alufolie

Curryfruchtreis
120 g Basmatireis
250 ml Wasser
Kräutersalz
60 g Aprikosen
60 g Erdbeeren
Currypulver

Rotweinzwiebeln
150 g Frühlingszwiebeln
125 ml trockener Rotwein
50 g Kristallzucker

Zubereitung

Reis mit Wasser und Salz in ein Gefäß geben und auf der Universalgarstufe (100 Grad) 10 Minuten mit Dampf garen. Frühlingszwiebeln putzen und Lauch abschneiden. Früchte in kleine Würfel schneiden. Rotwein und Zucker in einem flachen Gefäß verrühren. Zwiebeln einlegen und mit dem Reis garen.

Saiblinge mit Kräutersalz würzen und die Kräuter in die Fischbäuche hineinlegen. Für jeden Fisch ein Stück Alufolie vorbereiten und mit weicher Butter bestreichen. Die restliche Butter zu den Kräutern in die Fische geben und in Alufolie einwickeln. In den Dampfsiebeinsatz legen und auf der Fischgarstufe (80 Grad) 15 bis 20 Minuten mit Dampf garen.

Rotweinzwiebeln aus dem Dampfgarer nehmen. Reis mit dem Fisch weitergaren. 3 Minuten vor Garzeitende die in Würfel geschnittenen Früchte und das Currypulver unter den Reis rühren. Zeitgleich die Rotweinzwiebeln zum Erwärmen nochmals zu den anderen Gerichten in den Dampfgarer geben. Fisch aus der Folie lösen und mit dem Reis und den Rotweinzwiebeln anrichten.

Pro Portion: 540 Kilokalorien | 39 g Eiweiß | 21 g Fett | 44 g Kohlenhydrate

TIPP: Für dieses Gericht können auch andere Fische wie Forelle, Zander oder Wolfsbarsch verwendet werden.

Schokoladegugelhupf

Zutaten für 4 Portionen

60 g Löffelbiskuits
100 g Kochschokolade
6 Eier
100 g Butter
100 g Kristallzucker
100 g geriebene Mandeln

Butter und Kristallzucker
für die Form

Schokoladesoße
100 g Kochschokolade
70 g Butter

Zubereitung

Kleine Backformen mit 100 bis 150 ml Inhalt gut einfetten und mit Zucker ausstreuen. Löffelbiskuits reiben und Schokolade schmelzen. Eier trennen und die Eiweiße zu festem Schnee schlagen.

Butter, Zucker und Eigelbe schaumig schlagen und die Schokolade dazurühren. Schnee, Mandeln und Löffelbiskuits unterheben. In die Formen füllen und in die Dampfsiebeinsätze stellen. Auf der Universalgarstufe (100 Grad) 20 Minuten mit Dampf garen.

Für die Soße die Schokolade in Stücke teilen, mit der Butter in ein kleineres Gefäß geben und während der letzten Garminuten im Dampfgarer schmelzen.

Pro Portion: 1040 Kilokalorien | 22 g Eiweiß | 75 g Fett | 71 g Kohlenhydrate

TIPPS: Anstelle der Backformen können Sie ebenso (nicht eingefettete) Silikonformen verwenden. Die fertig ge- garten Kuchen können auch auf Vorrat hergestellt und eingefroren werden. Bei Bedarf im Dampfgarer mit Verpackung auf der Auftaustufe zum Verzehr vorbereiten.

Blumenkohl-Erbsen-Schnitten auf Tomaten-Basilikum-Ragout

Zutaten für 4 Portionen

Blumenkohl-Erbsen-Schnitten
300 g Blumenkohl
100 g Erbsen
4 EL Gemüsebrühe
3 Eier
20 g Butter
15 g Weizenmehl
125 ml Milch
100 g Hartkäse
(Emmentaler, Bergkäse)
Kräutersalz, Pfeffer aus der Mühle
1 Msp. frisch geriebene Muskatnuss

Tomaten-Basilikum-Ragout
2 Tomaten
20 g Kristallzucker
2 EL Tomatenmark
50 ml Riesling
Kräutersalz, Pfeffer aus der Mühle
Basilikum nach Geschmack

Zubereitung

Blumenkohl in kleine Röschen teilen und mit den Erbsen und der Gemüsebrühe in ein Gefäß geben. Im Dampfgarer auf der Gemüsegarstufe (100 Grad) 3 Minuten mit Dampf garen. Die Stiele der Röschen abschneiden und mit den Erbsen und der Brühe im Mixer pürieren.

Eier trennen. Butter in einem Topf zerlassen. Mehl beifügen und unter Rühren anschwitzen. Mit Milch aufgießen und so lange rühren, bis die Soße glatt und cremig ist. Inzwischen den Käse fein reiben. Den Topf vom Herd nehmen. Das Brokkoli-Erbsen-Püree einrühren, die Eigelbe zugeben und mit Salz, Pfeffer und Muskat abschmecken. Die Eiweiße mit etwas Salz zu steifem Schnee schlagen und unter die Masse heben. Eine große Soufflé- oder Kastenform (Inhalt 1 1/2 l) mit Frischhaltefolie auskleiden. Die Blumenkohlröschen auf dem Boden verteilen, Soufflémasse darüber verteilen und die restliche Frischhaltefolie darüberschlagen. Auf der Gemüsegarstufe (100 Grad) 30 Minuten mit Dampf garen.

Währenddessen das Tomaten-Basilikum-Ragout zubereiten. Die Haut der Tomaten kreuzweise einschneiden und für 3 Minuten mit dem Soufflé im Dampfgarer erhitzen. Haut abziehen und halbieren, Kerne herausnehmen und danach in kleine Stücke schneiden. Mit Zucker, Tomatenmark, Wein und den Gewürzen in den Dampfgarer geben und 5 Minuten garen. Basilikum fein schneiden, darunterrühren und gut abschmecken. Wenn das Soufflé fertig gegart ist, sofort aus dem Dampfgarer nehmen und in Schnitten teilen. Mit Tomaten-Basilikum-Ragout anrichten und mit Basilikum garnieren.

Pro Portion: 300 Kilokalorien | 17 g Eiweiß | 17 g Fett | 16 g Kohlenhydrate

Zander-Kartoffel-Gratin

Zutaten für 4 Portionen

Gratin
600 g mehligkochende Kartoffeln
6 Zanderfilets à 150 g
200 g Zwiebeln
30 g Butter
Salz
Saft von 1 Zitrone

Guss
125 ml Schlagsahne
125 ml saure Sahne
2 Eier
200 g Gouda
Kräutersalz

Zubereitung

Kartoffeln im Dampfsiebeinsatz auf der Universalgarstufe (100 Grad) 25 Minuten garen. Fisch mit Zitronensaft beträufeln, salzen und in eine vorbereitete rechteckige Auflaufform (Inhalt 1 1/2 l) schichten.

Zwiebeln in Ringe schneiden und in Butter rösten. Über dem Fisch verteilen. Kartoffeln schälen, blättrig schneiden und dachziegelartig über den Fisch schichten.

Für den Guss alle Zutaten verrühren und über die Masse gießen. Im Kombigerät bei 180 Grad 25 bis 30 Minuten garen.

Gibt es nur einen Dampfgarer, kann dieses Gericht auf der Universalgarstufe (100 Grad) in 25 Minuten gegart werden. Es gibt zwar keine knusprige Oberfläche, aber trotzdem ein sehr saftiges und wohlschmeckendes Gericht. Will man es knusprig haben, wird der Auflauf im Backofen bei gleichen Bedingungen wie im Kombigerät gebacken.

Pro Portion: 770 Kilokalorien | 63 g Eiweiß | 46 g Fett | 24 g Kohlenhydrate

TIPP: Die Zanderfilets können durch andere Fischfilets wie Forelle, Saibling oder Scholle ersetzt werden. Ebenso kann anstelle der Kartoffeln anderes Gemüse nach persönlicher Vorliebe verwendet werden.

Birnen-Kakao-Biskuit mit Karamellpudding

Zutaten für 4 Portionen

Biskuit
2 Eier
1 Prise Salz
80 g Puderzucker
60 g geriebene Walnüsse
60 g Weizenmehl
10 g Kakaopulver

2 Birnen
20 g Butter

Pudding
30 g Kristallzucker
250 ml Milch
20 g Vanillepuddingpulver

Schokolade zum Verzieren

Zubereitung

Eier und Salz mit Puderzucker sehr schaumig aufschlagen. Geriebene Walnüsse, Mehl und Kakaopulver leicht unterheben. Die Birnen schälen und halbieren. Kerngehäuse entfernen und Birnen in kleinere Stücke schneiden. Portionsgläser mit Butter leicht einfetten und die Birnen auf die Gläser verteilen. Biskuitmasse bis circa 2 cm unter den Glasrand einfüllen. In den Dampfsiebeinsatz stellen und auf der Universalgarstufe (100 Grad) 15 Minuten mit Dampf garen.

Währenddessen für den Pudding den Zucker in einem Kochtopf karamellisieren, mit Milch aufgießen und aufkochen. Das Puddingpulver in wenig Milch auflösen und in die Karamellmilch einrühren. Einmal aufkochen lassen, vom Herd nehmen und zudecken, damit der Pudding keine Haut bilden kann.

Die fertigen Kuchen aus dem Dampfgarer nehmen und Karamellpudding darübergeben. Mit einem Sparschäler (Kartoffelschäler) Schokoladeraspeln abziehen und über den Pudding streuen.

Pro Portion: 510 Kilokalorien | 11 g Eiweiß | 24 g Fett | 64 g Kohlenhydrate

TIPP: Der Kuchen kann auch auf einem Backblech im Kombigerät gebacken werden. Danach in Stücke schneiden und wie oben beschrieben mit Karamellpudding und Schokoraspeln anrichten.

Bunte Gemüsefrittatas auf Lollo rosso

Zutaten für 4 Portionen

200 g Mischgemüse
(Paprika, Zucchini, Karotten)
4 Eier
40 g Weizenmehl
Kräutersalz

1 Lollo rosso
2 EL Kürbiskern-
oder Walnussöl
4 EL Apfelessig
Kräutersalz

Schnittlauch zum Bestreuen

Zubereitung

Karotten schälen. Gemüse in kleine Würfel schneiden. Im Dampfsiebeinsatz auf der Gemüsegarstufe (100 Grad) 3 Minuten mit Dampf garen. Eier in einer Schüssel aufschlagen und mit Mehl und Kräutersalz verrühren.

Einen ungelochten Dampfgareinsatz mit Frischhaltefolie auslegen und das Gemüse darin verteilen. Eiermasse darübergießen. Im Dampfgarer auf der Gemüsegarstufe (100 Grad) 15 Minuten mit Dampf garen.

Salatblätter waschen, schleudern und etwas zerpflücken. Mit Kernöl, Essig und Kräutersalz marinieren und auf Tellern anrichten. Frittatas aus dem Dampfgarer nehmen, in schöne gleichmäßige Stücke schneiden und auf dem Salatteller anrichten. Mit fein geschnittenem Schnittlauch bestreuen und noch warm servieren.

Pro Portion: 170 Kilokalorien | 8 g Eiweiß | 10 g Fett | 10 g Kohlenhydrate

TIPPS: Das Gemüse kann je nach Jahreszeit und persönlichen Vorlieben gewechselt werden. Je nach Anlass können die Frittatas mit Keksausstechformen in beliebige Formen – Blüten, Herzen, Tierfiguren – gebracht werden.

Gefüllte Seesaiblingröllchen mit pikanter Soße

Zutaten für 4 Portionen

120 g frischer Blattspinat
(ersatzweise tiefgefroren)
50 g Rahmfrischkäse
Kräutersalz
2 Knoblauchzehen
4 Seesaiblingfilets à 150–200 g
Pfeffer aus der Mühle
40 g Butter
150 g rote Zwiebeln
125 ml klare Gemüsebrühe
100 ml Weißwein (Riesling)
50 ml Schlagsahne

eventuell Goldmajoran
zum Garnieren

Zubereitung

Frischen Blattspinat ganz kurz blanchieren. Wird tiefgekühlter Spinat verwendet, diesen im Dampfgarer bei 60 Grad in ca. 8 Minuten auftauen. Spinat mit Frischkäse und Kräutersalz vermengen. Knoblauch fein schneiden und dazugeben.

Seesaiblingfilets mit Kräutersalz und weißem Pfeffer würzen. Die Spinatmasse auf die Hautseite auftragen. Filets einrollen und mit Rouladennadeln befestigen.

Filetröllchen in Butter beidseitig anbraten und aus der Pfanne nehmen. Zwiebeln schälen und fein schneiden und in der Butter goldbraun rösten. Mit Gemüsebrühe und Wein aufgießen und abschmecken.

Fischröllchen in eine geschlossene Form legen und die Soße zugießen. Auf der Fischgarstufe (80 Grad) mit Dampf 15 Minuten mit Dampf garen. Vor dem Servieren noch die Schlagsahne zugießen.

Pro Portion: 390 Kilokalorien | 42 g Eiweiß | 21 g Fett | 3 g Kohlenhydrate

TIPPS: Als Beilage empfehle ich Kümmelkartoffeln. Dazu die Kartoffeln halbieren, mit ganzen Kümmelsamen bestreuen und auf der Universalgarstufe (100 Grad) 10 Minuten mit Dampf garen. Dann mit den Fischröllchen bei 80 Grad fertig garen.

Orangenschaum auf marinierten Orangenscheiben

Zutaten für 4 Portionen

4 Eier
4 Orangen
80 g Puderzucker
10 g Maisstärke
60 ml Orangenlikör

Puderzucker zum Bestreuen
Melisseblätter für die Garnitur

Zubereitung

Eier trennen. 3 Orangen auspressen und den Saft in einem Topf ohne Deckel so lange kochen lassen, bis sich die Menge auf etwa 125 ml einreduziert hat. Zucker und Eigelbe darin zu einer glatten cremigen Masse aufschlagen.

Die Maisstärke mit dem Orangensaft und der Hälfte des Orangenlikörs mischen und gut verrühren. Eiweiße zu festem Schnee aufschlagen und vorsichtig unterheben.

Die Masse bis 1½ cm unter den Rand in 4 hitzebeständige Dessertschalen füllen. In einen Dampfsiebeinsatz stellen und auf der Universalgarstufe (100 Grad) 10 Minuten mit Dampf garen.

Die letzte Orange sorgfältig schälen und mit einem scharfen Messer filetieren. Die Filets während der Zubereitung des Schaums im restlichen Orangenlikör marinieren. Dann auf dem fertig gegarten Orangenschaum anrichten und mit Melisseblättern garnieren.

Pro Portion: 240 Kilokalorien | 7 g Eiweiß | 5 g Fett | 34 g Kohlenhydrate

TIPPS: Wenn Kinder mitessen, ersetzen Sie den Likör durch Orangensaft. Wer mag, kann auch verschiedene Zitrusfrüchte miteinander mischen. Zum Beispiel mit Zitrone oder Limette, wobei die Orangen den Hauptanteil bilden müssen. Ansonsten wäre eine höhere Zuckerzugabe erforderlich.

Bunte Paprikasuppe

Zutaten für 4 Portionen

200 g gelbe Paprika
200 g rote Paprika
200 g Zwiebeln
2 Knoblauchzehen
40 g Maiskeimöl
1 l klare Gemüsebrühe
Salz, Pfeffer aus der Mühle
40 g Maisstärke
125 ml Schlagsahne

Kräuter für die Garnitur

Zubereitung

Paprika waschen, Zwiebeln schälen und beides kleinwürfelig schneiden. Knoblauch schälen und fein hacken. Jetzt werden zwei separate Suppen zubereitet – eine gelbe und eine rote. Dazu Zwiebeln teilen und jede Hälfte in ein eigenes Gefäß geben. Je eine Hälfte Knoblauch zugeben und mit jeweils 500 ml Gemüsebrühe aufgießen.

Würzen und auf der Gemüsegarstufe (100 Grad) 15 bis 20 Minuten mit Dampf garen. Die Maisstärke mit der Schlagsahne verrühren. jeweils die Hälfte zu den Suppen geben und nochmals 2 Minuten garen.

Suppen fein pürieren. Nun die rote und gelbe Paprikacremesuppe in einen eigenen Becher mit Ausguss füllen, langsam und gleichzeitig beide Suppen in Suppenteller gießen. Mithilfe eines Spießes ein Muster ziehen und mit Kräutern garniert servieren.

Pro Portion: 300 Kilokalorien | 3 g Eiweiß | 25 g Fett | 15 g Kohlenhydrate

TIPP: Achten Sie darauf, dass die Suppen die gleiche Konsistenz haben.

Gedämpfte Lachsforelle mit Honiggemüse

Zutaten für 4 Portionen

4 Lachsforellenfilets à 200 g
Saft von 1/2 Zitrone
Kräutersalz
10 g fein geschnittener Thymian
10 g fein geschnittener Ysop
40 g Butter

Honiggemüse
200 g gegarte Karotten
100 g Champignons
150 g Zucchini
je 80 g rote und gelbe Paprika
Kräutersalz
50 g Honig

Zubereitung

Das Gemüse in gefällige Stücke schneiden und in einem Dampfsiebeinsatz auf der Gemüsegarstufe (100 Grad) 3 Minuten mit Dampf vorgaren.

Inzwischen die Fischfilets mit Zitronensaft beträufeln, mit Kräutersalz und den Kräutern bestreuen. Fischstücke mit der Haut nach unten in einen Dampfsiebeinsatz legen und Butterstückchen darauf verteilen. Auf der Fischgarstufe (80 Grad) 8 Minuten mit Dampf garen.

Gemüse mitgaren. Danach das Gemüse herausnehmen und mit Kräutersalz würzen. Vor dem Anrichten den Honig dazugeben und kurz durchschwenken.

Pro Portion: 360 Kilokalorien | 42 g Eiweiß | 14 g Fett | 15 g Kohlenhydrate

TIPPS: Verwenden Sie möglichst das Gemüse der Saison. Auch beim Fisch kann durchaus abgewechselt werden. Zander oder Saibling passen für dieses Gericht ebenso gut. Eine besondere Note bekommt diese Speise durch die Verwendung unterschiedlicher Honigsorten wie Blüten-, Kastanien-, Akazien- oder Waldhonig.

Hirsetörtchen mit Kirschen

Zutaten für 4 Portionen

100 g Goldhirse
200 ml Milch
1/2 TL Zimtpulver
100 g geriebene Walnüsse
Salz
4 Eier
4 EL Honig
Saft und Schale von 1 Zitrone
200 g Kirschen
10 g Butter

Goldmelisseblüten zum Dekorieren

Zubereitung

Hirse mit Milch, Zimtpulver und Salz in einem ungelochten Dampfgareinsatz auf der Universalgarstufe (100 Grad) 15 Minuten mit Dampf garen. Im Dampfgarer noch nachdämpfen lassen. Herausnehmen und kurz abkühlen lassen.

Die Eier trennen. Eigelbe mit Honig, Zitronensaft und Zitronenschale schaumig rühren. Nüsse und gegarte Hirse dazugeben und unterrühren. Eiweiße zu steifem Schnee schlagen und unterheben.

Kleine Portionsförmchen (Inhalt 150 ml) mit Butter bestreichen. Hirsemasse einfüllen und Kirschen darauf verteilen. Im Kombigerät bei 175 Grad 15 bis 20 Minuten backen, bis die Oberfläche goldbraun geworden ist.

Mit Goldmelisseblüten dekorieren und servieren.

Pro Portion: 480 Kilokalorien | 15 g Eiweiß | 18 g Fett | 43 g Kohlenhydrate

TIPPS: Diese Törtchen können auch auf der Universalgarstufe (100 Grad) 15 bis 20 Minuten mit Dampf gegart werden. Oder sie werden im Backofen bei 175 Grad 15 bis 20 Minuten gebacken.

Ziegenkäse-Speck-Spieße mit buntem Salat

Zutaten für 4 Portionen

300 g Ziegenkäse
100 g durchzogener Bauchspeck, in Scheiben geschnitten

150 g rote und gelbe Tomaten
100 g Schnittsalat
Apfel-Kräuter-Essig
Kürbiskern- oder Walnussöl
Kräutersalz

Zubereitung

Den Käse in 16 etwa gleich große Stücke teilen. Jeweils mit 2 Scheiben fein geschnittenem Speck umwickeln, sodass der Käse nicht ausfließen kann.

Jeweils 2 Speckpäckchen auf Spieße oder Rouladennadeln stecken und auf ein vorbereitetes Backblech legen. Im Kombigargerät bei 180 Grad 10 Minuten braten.

Ist kein Kombigerät vorhanden, können die Spieße auch im Toaster bei höchster Stufe 3 bis 5 Minuten oder im Backofen bei 200 Grad circa 10 Minuten überbacken werden.

Inzwischen den Salat vorbereiten: Tomaten waschen und schneiden. Schnittsalat waschen und zerpflücken. Mit Essig und Öl sowie Kräutersalz marinieren und anrichten. Die fertig gebratenen Spieße darauflegen und noch warm servieren.

Pro Portion: 480 Kilokalorien | 28 g Eiweiß | 40 g Fett | 2 g Kohlenhydrate

TIPPS: Der Ziegenkäse kann sehr gut durch Schafkäse ersetzt werden. Eine Hälfte des Käses kann auch in Dörrpflaumen eingewickelt werden. Stattdessen bieten sich Aprikosen oder Bananen ebenfalls an. Diese Spieße sind gegrillt auch eine nette Zugabe für die nächste Grillparty.

Wolfsbarsch mit Fenchelgemüse

Zutaten für 4 Portionen

2 Fenchelknollen
125 ml Riesling
20 ml Anisschnaps
20 g Honig
5 g Anis
6 Kapernbeeren

2 Stücke Wolfsbarsch à 300–400 g
Saft von $^1/_2$ Zitrone
Salz

Zubereitung

Fenchel der Länge nach in circa 1 cm breite Scheiben schneiden, wobei das schmackhafte Grün dranbleiben sollte. In einem ungelochten Dampfgareinsatz Wein, Anisschnaps, Honig und die Gewürze verrühren. Fenchel hineinlegen und auf der Gemüsegarstufe (100 Grad) 7 Minuten mit Dampf vorgaren.

Inzwischen den Wolfsbarsch entschuppen und filetieren. Leicht mit Zitronensaft beträufeln und salzen. Filets einrollen und mit einer Rouladennadel fixieren.

Fischröllchen in den Dampfeinsatz zu den Fenchelstücken legen und auf der Fischgarstufe (80 Grad) 8 Minuten dämpfen. Weinsoße abschmecken. Fischröllchen auf dem Fenchel anrichten und mit Weinsoße begießen.

Pro Portion: 180 Kilokalorien | 25 g Eiweiß | 3 g Fett | 8 g Kohlenhydrate

TIPP: Probieren Sie doch auch einmal die Kombination Eismeersaibling oder Alpenlachs mit Kürbisgemüse.

Vanillemilchreis mit Schokoladeerdbeeren

Zutaten für 4 Portionen

Vanillemilchreis
500 ml Milch
20 g Butter
1 Msp. Salz
80 g Milchreis
60 g Honig
Mark von 1 Vanilleschote

Schokoladeerdbeeren
200 g Erdbeeren
50 g Kochschokolade
20 g Butter

Zubereitung

Alle Zutaten für den Milchreis in einen ungelochten Dampfeinsatz geben und verrühren. Auf der Universalgarstufe (100 Grad) circa 30 Minuten mit Dampf garen. Dabei mehrmals umrühren, damit sich die Milch mit dem Reis gut vermischt und der Milchreis schön cremig wird.

In der Zwischenzeit Schokolade und Butter in ein kleines Gefäß geben und im Dampfgarer schmelzen. Gewaschene Erdbeeren am Stielansatz festhalten und die Spitzen in die geschmolzene Schokoladebutter tauchen. Auf ein Stück Butterbrotpapier legen und fest werden lassen.

Den fertigen Milchreis in Gläser füllen. Erdbeeren aufschneiden und leicht versetzt auf den Milchreis legen.

Pro Portion: 360 Kilokalorien | 7 g Eiweiß | 17 g Fett | 42 g Kohlenhydrate

TIPP: Nicht das ganze Jahr ist Erdbeerzeit. Auch andere Schokoladefrüchte nach Saison (Aprikosen, Mandarinen, Bananen) schmecken zum Milchreis hervorragend.

Süße Hauptspeisen

Karotten-Ingwer-Suppe mit Apfelchips

Zutaten für 4 Portionen

200 g mehligkochende Kartoffeln
300 g Karotten
20 g Butter
1 l Wasser
20 g frischer oder
1/2 TL gemahlener Ingwer
125 ml Schlagsahne
Salz, Pfeffer aus der Mühle

Zubereitung

Kartoffeln und Karotten waschen und schälen. Anschließend in kleinere Würfel schneiden. Gemüse mit Butter und 250 ml Wasser in einen kleinen Topf geben und auf der Gemüsegarstufe (100 Grad) 15 Minuten mit Dampf garen. Mit einem Pürierstab fein pürieren.

Ingwer reiben und dazugeben. Mit dem restlichen Wasser auffüllen und Suppe würzen. Auf der Gemüsegarstufe (100 Grad) 5 Minuten erhitzen. Kurz vor dem Anrichten Sahne beifügen und abschmecken. Anrichten und mit Apfelchips servieren.

Pro Portion: 180 Kilokalorien | 2 g Eiweiß | 14 g Fett | 11 g Kohlenhydrate

TIPP: Diese Suppe eignet sich besonders für die kalte Jahreszeit, da Wintergemüse (Karotten) verwendet wird und Ingwer im Körper ein wohliges Wärmegefühl erzeugt.

Quark-Reis-Auflauf mit Zimtapfelmus

Zutaten für 4 Portionen

Quark-Reis-Auflauf
750 ml Milch
100 g Milchreis
5 g Salz
60 g Butter
60 g Puderzucker
4 Eier
3 EL Schlagsahne
250 g Magerquark
Saft von 1 Zitrone

Butter für die Form
Puderzucker zum Bestäuben

Zimtapfelmus
500 g Äpfel
50 ml trockener Weißwein
Saft von 1/2 Zitrone
80 g Kristallzucker
1/2 TL Zimtpulver

1 Apfel als Garnitur

Zubereitung

Milch, Reis und Salz in einem ungelochten Dampfeinsatz auf der Universalgarstufe (100 Grad) circa 30 Minuten mit Dampf garen und danach abkühlen lassen.

Eier trennen. Butter, Zucker und Eigelbe schaumig rühren. Sahne, Quark und Zitronensaft unter die Masse heben. Eiweiße zu steifem Schnee aufschlagen und unter die Quarkmasse ziehen. In eine mit Butter bestrichene Auflaufform streichen und im Kombigerät oder im Ofen bei 170 Grad circa 40 Minuten ohne Dampf backen.

Inzwischen für das Zimtapfelmus die Äpfel schälen und entkernen. Die Apfelstücke mit Wein, Zitronensaft, Zucker und Zimtpulver in einer kleinen Schüssel gleichzeitig mit dem Auflauf 10 Minuten garen. Danach entweder mit einem Schneebesen gut verrühren oder mit einem Stabmixer pürieren.

Stücke aus dem Auflauf herausstechen, mit Puderzucker bestäuben und mit dem Zimtapfelmus und einigen Apfelstücken anrichten.

Pro Portion: 730 Kilokalorien | 23 g Eiweiß | 29 g Fett | 89 g Kohlenhydrate

TIPP: Zum Auflauf können als Zutat auch Früchte der Saison verwendet werden, was ihn sehr saftig macht. Dazu etwa Apfel-, Pfirsich-, Birnenspalten oder halbierte entkernte Aprikosen ebenso wie entkernte Kirschen oder Erdbeeren entweder unter die Auflaufmasse heben oder auf dem mit Butter bestrichenen Boden der Auflaufform verteilen und die Masse darüber-gießen.

Kartoffel-Kräuter-Süppchen mit Schwarzbrotwürfeln

Zutaten für 4 Portionen

200 g Zwiebeln
300 g mehligkochende Kartoffeln
30 g Butter
1 EL Petersilie
1 EL Schnittlauch
1 EL Kerbel
1 TL Thymian
1 l klare Gemüsebrühe
50 ml Schlagsahne
Salz, Pfeffer aus der Mühle

80 g Schwarzbrot
20 g Butter

Zubereitung

Zwiebeln fein schneiden und in Butter am Herd kurz anrösten. Kartoffeln schälen, in kleine Würfel schneiden, kurz mitrösten und dann mit Gemüsebrühe aufgießen. Mit Salz und Pfeffer würzen und im ungelochten Dampfeinsatz 10 Minuten auf der Universalgarstufe (100 Grad) mit Dampf garen.

Kräuter fein schneiden und nach 10 Minuten zur Suppe geben. Weitere 2 Minuten auf der Universalgarstufe garen. Die Sahne beifügen, Suppe abschmecken und mit Schwarzbrotwürfeln anrichten.

Für die Schwarzbrotwürfel die Brotscheiben in kleine Würfel schneiden und mit Butter in einer Pfanne oder im Kombigerät in einem ungelochten Dampfeinsatz bei 180 Grad 4 Minuten rösten.

Pro Portion: 270 Kilokalorien | 4 g Eiweiß | 19 g Fett | 20 g Kohlenhydrate

TIPP: Diese Suppe kann der Resteverwertung dienen. Übrige gekochte Kartoffeln anstelle der rohen verwenden. Ebenso können übriges Weißbrot oder alte Brötchen für die Brotwürfel verwendet werden.

Dampfnudeln auf Pflaumenkompott

Zutaten für 4 Portionen

Dampfnudeln
400 g Weizenmehl
220 ml Milch
30 g Hefe
60 g Kristallzucker
2 Eigelb
60 g Butter
5 g Salz

Zimtpulver und Puderzucker zum Bestäuben

Pflaumenkompott
400 g Pflaumen
100 g Kristallzucker
1 Zimtstange
5 Gewürznelken
20 ml Rum

Zubereitung

Die Zutaten für den Hefeteig in eine Schüssel oder in eine Küchenmaschine geben und so lange kneten, bis der Teig schön glatt ist. Dann aufgehen lassen, bis sich sein Volumen verdoppelt hat. Teig auf die bemehlte Arbeitsplatte geben und nochmals sehr gut durchkneten. Einen ungelochten Dampfgareinsatz mit Butter bestreichen und den inzwischen wieder entspannten Teig in die Form geben und glatt rollen. Nochmals 10 Minuten gehen lassen. Danach auf der Universalgarstufe (100 Grad) 35 Minuten mit Dampf garen. Nach dem Herausnehmen in der Mitte ein wenig aufreißen, damit der Dampf entweichen kann.

Für das Kompott die Pflaumen entsteinen und in kleine Spalten schneiden. Mit den anderen Zutaten vermengen und ebenso in einem ungelochten Dampfeinsatz oder einem anderen geeigneten Gefäß mit der Dampfnudel circa 15 Minuten mitgaren.

Dampfnudel in Würfel schneiden (pro Portion 2 Stücke) und mit dem Pflaumenkompott anrichten. Mit Zimt-Puderzucker-Gemisch bestäuben.

Pro Portion: 770 Kilokalorien | 17 g Eiweiß | 19 g Fett | 128 g Kohlenhydrate

TIPP: Aus diesem Teig können auch köstliche Hefeknödel zubereitet werden. Den Teig dazu in 8 gleich große Stücke teilen und auf der Arbeitsfläche mit der Hand zu festen Kugeln formen. In mit Frischhaltefolie ausgelegten gelochten Dampfeinsätzen bis zum doppelten Volumen aufgehen lassen. Auf der Universalgarstufe (100 Grad) 18 Minuten mit Dampf garen. Wie die Dampfnudeln anrichten und servieren.

Fleischbrühe mit Eierstich

Zutaten für 4 Portionen

4 große Eier
125 ml Schlagsahne
Salz, Pfeffer aus der Mühle
1 Msp. frisch geriebene Muskatnuss

Butter zum Einstreichen der Form

1 l Fleischbrühe
Schnittlauch zum Bestreuen

Zubereitung

Die Eier mit der Sahne in einem Gefäß gut verquirlen und anschließend mit Salz, Pfeffer und Muskatnuss würzen. Einen ungelochten Dampfeinsatz mit Butter bestreichen und die Eiermasse einfüllen.

Auf der Universalgarstufe (100 Grad) 15 Minuten mit Dampf garen. Danach leicht abkühlen lassen und aus der Form stürzen. Nach Wunsch Blüten oder andere Formen ausstechen beziehungsweise einfach in Quadrate oder Rhomben schneiden. Mit der heißen Fleischbrühe und dem Schnittlauch anrichten.

Pro Portion: 210 Kilokalorien | 10 g Eiweiß | 19 g Fett | 3 g Kohlenhydrate

TIPP: Frische Kräuter können auch gleich zum Eierstich gegeben werden – damit sieht diese Suppeneinlage noch bunter aus.

Apfelbrotauflauf mit Vanille-Zimt-Schaum

Zutaten für 4 Portionen

200 g süßes Weißbrot
oder Brötchen
250 ml Milch
70 g Kristallzucker
1 EL Vanillezucker
3 Eier
50 g Rosinen
50 g Butter

Apfelfüllung
500 g Äpfel
40 g Kristallzucker
1 EL Rum (40 %)
40 g Mandelsplitter
1/2 TL Zimtpulver

20 g Butter für die Form

Vanille-Zimt-Schaum
125 ml Milch
125 ml Schlagsahne
2 Eigelb
30 g Kristallzucker
Mark von 1 Vanilleschote
1/2 TL Zimtpulver

Zubereitung

Das Weißbrot in circa 1 cm breite Scheiben schneiden. Milch, Zucker und Eier sehr gut miteinander verrühren und über die Brotscheiben gießen. Rosinen und zerlassene Butter beigeben und die Brotmasse anziehen lassen.

Für die Füllung die Äpfel schälen, vierteln und grob raspeln. Mit Zucker, Rum, Mandelsplittern und Zimtpulver vermengen. Die Hälfte der Brotmasse in eine eingefettete Auflaufform schichten. Apfelmasse darübergeben und mit Brotmischung abschließen. Im Kombigerät bei 160 Grad 10 Minuten mit Dampf angaren und dann ohne Dampf circa 30 Minuten backen. Ist kein Kombigerät vorhanden, den Auflauf im Backofen bei 160 Grad 40 Minuten backen, wobei zu Beginn mit einer Sprühflasche 5- bis 6-mal Wasser auf den Backofenboden gesprüht werden sollte, damit der Auflauf auch schön „saftig“ wird.

Für den Vanille-Zimt-Schaum Milch und Sahne mit den Eigelben über Dampf erhitzen. Zucker und Gewürze beifügen und so lange kräftig schlagen, bis die Masse schön cremig ist.

Zum Anrichten den Auflauf in Stücke schneiden und auf einen Teller legen. Den Vanille-Zimt-Schaum entweder dazugießen oder in einem eigenen hübschen kleinen Geschirr servieren.

Pro Portion: 830 Kilokalorien | 18 g Eiweiß | 41 g Fett | 96 g Kohlenhydrate

TIPP: Werden beispielsweise anstelle von Äpfeln Trauben verwendet, kann der Schaum statt mit Milchprodukten mit Wein zubereitet werden.

Erbsen-Linsen-Suppe mit Speck

Zutaten für 4 Portionen

120 g braune Linsen
100 g Zwiebeln
40 g Butter
20 g Weizenmehl
1 l Gemüsebrühe
5 g getrocknete Majoranblätter
2 Lorbeerblätter
Kräutersalz, Pfeffer aus der Mühle
200 g tiefgekühlte Erbsen
60 g in Scheiben geschnittener durchzogener Bauchspeck

gehackte Petersilie zum Bestreuen

Zubereitung

Die Linsen am Vorabend oder einige Stunden vor Verwendung waschen und in kaltem Wasser einweichen, damit sie aufquellen können. Zwiebeln klein schneiden und in Butter anrösten, Mehl beifügen und mit Gemüsebrühe aufgießen.

Die Zwiebelsuppe in einen ungelochten Dampfeinsatz gießen. Linsen und Gewürze beifügen. Auf der Universalgarstufe (100 Grad) 20 Minuten mit Dampf garen. Die tiefgefrorenen Erbsen zur Suppe geben und weitere 3 Minuten fertig garen.

Speck in einer Pfanne anbraten. Lorbeer- und Majoranblätter entfernen. Suppe anrichten, mit gebratenen Speckscheiben belegen und mit gehackter Petersilie bestreut servieren.

Pro Portion: 330 Kilokalorien | 14 g Eiweiß | 18 g Fett | 27 g Kohlenhydrate

TIPP: Um die Suppe farblich attraktiver zu gestalten, können Sie noch kleine Karottenwürfel dazugeben.

Mohnnudeln mit Steinobstragout

Zutaten für 4 Portionen

Mohnnudeln
500 g mehligkochende Kartoffeln
120 g Weizenmehl
80 g Weizengrieß
2 Eier
Salz

Butter für die Form

Steinobstragout
400 g entsteintes Obst nach Wahl (z. B. Aprikosen, Pfirsiche, Nektarinen, Pflaumen)
40 g Puderzucker
80 g Honig
Saft von 1/2 Zitrone
Mark von 1 Vanilleschote

30 g Butter zum Übergießen
30 g gemahlener Mohn und Puderzucker zum Bestäuben

Zubereitung

Kartoffeln waschen und in einem Dampfsiebeinsatz auf der Universalgarstufe (100 Grad) je nach Größe 20 bis 30 Minuten garen (Nadelprobe machen). Kartoffeln noch warm schälen und durch einer Kartoffelpresse drücken. Etwas abkühlen lassen.

Mehl, Grieß, Eier sowie Salz zur Kartoffelmasse geben und rasch zu einem Teig verarbeiten. Teig zu einer Rolle mit einem Durchmesser von 3 cm ausrollen. Circa 1 cm breite Stücke herunterschneiden und die Teigstücke mit den Fingern zu Nudeln formen.

In einen bebutterten Dampfsiebeinsatz legen und auf der Universalgarstufe (100 Grad) 15 Minuten mit Dampf garen. Die Butter in ein kleines Gefäß geben und die letzten 3 Minuten zu den Nudeln in den Dampfgarer stellen und schmelzen.

Obst in circa 2 cm große Stücke schneiden. Mit Zucker, Honig, Zitronensaft und Vanillemark vermengen und mit den Nudeln die letzten 3 Minuten im Dampfgarer mitgaren.

Nudeln auf einem Teller anrichten, mit zerlassener Butter übergießen und mit Mohn und Zucker bestäuben. Steinobstragout dazu servieren.

Pro Portion: 570 Kilokalorien | 13 g Eiweiß | 15 g Fett | 93 g Kohlenhydrate

TIPP: Die Mohnnudeln eignen sich auch hervorragend als Beilage zu saftigen Fleischgerichten.

M

O

Q

R

S

U

V

W

Z

Impressum

avBUCH im Cadmos Verlag

2. Auflage 2015
Covergestaltung: Ravenstein + Partner, Verden
Layout, Satz und Lektorat: Jürgen Ehrmann

Coverfoto: Miguel Dieterich
Fotos im Innenteil: Miguel Dieterich

Druck: Westermann Druck, Zwickau

Deutsche Nationalbibliothek – CIP-Einheitsaufnahme
Die Deutsche Nationalbibliothek verzeichnet diese Publikation in der Deutschen Nationalbibliografie; detaillierte bibliografische Daten sind im Internet über http://dnb.ddb.de abrufbar.

Printed in Germany

ISBN: 978-3-8404-7027-1